Maple
刑事法入門

滝井伊佐武
矢田陽一
岡部雅人
宍倉悠太
吉開多一
辰野文理
髙橋正義

【著】

成文堂

はしがき

　本書は、国士舘大学法学部における１年次の入門科目である「刑法Ａ」および「刑法Ｂ」の教科書として使用することを目的として作成されたものです（本書の題名の「Maple」は、国士舘大学の校章である「楓」を表しています）。同科目は、それぞれ６人の教員が２回ずつ担当するオムニバス科目で、春期の「刑法Ａ」では§１から§５の第１講・第２講と§６を、秋期の「刑法Ｂ」では§１から§５の第３講・第４講と§７を、それぞれ扱うものとなっています。もっとも、本書自体は、刑法総論、刑法各論、経済刑法、刑事政策、刑事訴訟法、犯罪学・被害者学、外国刑事法の基本事項を順に扱うものとなっていますので、同科目とは独立した、どのセクションからでも読むことのできる、一般的な刑事法の入門書としても使用できるものとなっています。

　本書の構成は、教室での講義と合わせて、国士舘大学の教育指針である、「読書・体験・反省」、そして「思索」を、具体的に実践するものとなっています。すなわち、①講義前に本書の「Lecture」を読み、LMS（学習管理システム）に掲載してある予習動画も観てもらった上で、②教室での講義で「Exercise」についてリアルタイムアンケートシステムを用いながら双方向で検討し、学んだことのふりかえりを行い、③講義後には「Further Study」を手がかりに学習者が自らさらに考える、というものです。このような本書の試みが、刑事法の世界にはじめて触れる読者のみなさんの学習の一助となれば、本書の著者一同にとって、これ以上の喜びはありません。

　本書は、2020年度に新型コロナ禍におけるオンライン授業に対応するために作成された配布資料に端を発し、2021年度版から2024年度版までは学内限定教材として作成され、これが実質的な第５版にあたります。初版以来、本書が成るにあたっては、多くの方々からのお力添えをいただきました。共著者の先生方には、ご多用中にもかかわらず、わかりやすく、力のこもった原稿をご執筆いただきました。これまでに「刑法Ａ」および「刑法Ｂ」を受講

してきた国士舘大学法学部の学生のみなさんからのご意見やご質問も、本書の随所に活かされています。本書の刊行にあたっては、成文堂編集部の飯村晃弘さん、松田智香子さん、山﨑友貴さんにお世話になりました。本書に関わったすべての方々に、ここに記して感謝の意を表します。

2025年2月

著者を代表して

吉開　多一

岡部　雅人

目　次

はしがき　　i
ガイダンス　　v

§1　犯罪とは何か ································ 滝井　伊佐武 1

第 1 講　刑法の基本原理　　3
第 2 講　構成要件該当性　　11
第 3 講　違法・責任　　19
第 4 講　未遂・共犯　　27

§2　犯罪の具体的な内容 ···················· 矢田　陽一 37

第 1 講　刑法各論という学問・殺人罪　　39
第 2 講　窃盗罪　　48
第 3 講　住居を侵す罪　　58
第 4 講　名誉に対する罪　　68

§3　現代社会と犯罪 ························ 岡部　雅人 79

第 1 講　企業活動と刑法　　81
第 2 講　消費者保護と刑法　　90
第 3 講　インターネットと刑法　　99
第 4 講　公務員と刑法　　107

§4　刑罰とは何か ·························· 宍倉　悠太 117

第 1 講　刑罰の意義　　119

iv　目　次

第2講　刑罰を科す根拠と目的　126
第3講　新派刑法学の登場　133
第4講　「刑罰」から「犯罪者の処遇」へ　138

§5　刑法を実際に適用する方法 ……………… 吉開　多一 147

第1講　刑事訴訟法の意義と目的　149
第2講　刑事訴訟法の全体像　154
第3講　真相の解明と人権の保障との調整　161
第4講　捜査と公判との関係　171

§6　よりよい刑法のために ……………………… 辰野　文理 179

第1講　犯罪学は何を研究するか
　　　　──犯罪学へのアプローチ──　181
第2講　被害者の状況と被害者支援
　　　　──被害者学へのアプローチ──　193

§7　刑法の国際比較 …………………………… 髙橋　正義 207

第1講　日中両国刑事法における歴史上の繋がりと現行刑罰制度の
　　　　比較　209
第2講　薬物犯罪の取締りに関する日中両国刑事司法上の差異　220

事項索引　235

ガイダンス

1　本書の目的

　本書は、初めて刑事法を学ぶみなさんが刑事法をよりよく理解できるように作成しました。最初に、本書の全体像について説明しておきます。

　本書は、「§1　犯罪とは何か」（刑法総論）、「§2　犯罪の具体的な内容」（刑法各論）、「§3　現代社会と犯罪」（経済刑法）、「§4　刑罰とは何か」（刑事政策）、「§5　刑法を実際に適用する方法」（刑事訴訟法）、「§6　よりよい刑法のために」（犯罪学・被害者学）、「§7　刑法の国際比較」（外国刑事法）の7つのセクションからなります。いずれもはじめて刑事法を学ぶみなさんに、「基礎の基礎」を講義する内容になっています。

　次に、それぞれのセクションで、どのようなことを学ぶのかをみていきましょう。

(1)　刑　法

　みなさんは「刑法」というと、どのような法律を思い浮かべるでしょうか。**刑法**とは、犯罪と刑罰に関する法律だといわれます。どのような行為が犯罪で、それに対してどのような刑罰を科すかを定めている法律だということもできます。

　刑法には、六法に「刑法」として掲載されている**刑法典**（明治40年4月24日法律第45号）と、それ以外に犯罪と刑罰について定めている**特別刑法**があります。六法をみてもらうと、自動車の運転により人を死傷させる行為等の処罰に関する法律、覚醒剤取締法、ストーカー行為等の規制等に関する法律、軽犯罪法などが「刑法」の後に掲載されています。また、会社法、破産法、労働基準法、私的独占の禁止及び公正取引の確保に関する法律（いわゆる独占禁止法）、金融商品取引法、不正競争防止法、著作権法といった、一見すると刑法と無関係のように思われる法律にも罰則があって、犯罪と刑罰について定めています（罰則はだいたい各法律の後ろの方にあるので、探してみて

ください）。これらが特別刑法の例になります。

　刑法を学ぶということは、「犯罪」とは何か、「刑罰」とは何かを学ぶことであり、前者を**犯罪論**、後者を**刑罰論**といいます。このうち、犯罪論には、すべての「犯罪」に共通する性質を学んでいく**刑法総論**と、殺人や窃盗などといった個別の犯罪の性質を学んでいく**刑法各論**があります。

　本書では、「§1　犯罪とは何か」で刑法総論を、「§2　犯罪の具体的な内容」および「§3　現代社会と犯罪」で刑法各論を、「§4　刑罰とは何か」で刑罰論について説明しています。

　なお、令和4（2022）年に改正された刑法が、令和7（2025）年6月1日から施行され、懲役・禁錮に代わって拘禁刑が言い渡されることになりました。とはいえ、しばらくの間は拘禁刑と懲役・禁錮が混在することになりますし、かつての裁判では懲役・禁錮が言い渡されていたので、刑事法を理解するためには懲役・禁錮についての理解も必要です。

（2）　経済刑法

　刑法が定めている犯罪の中には、とくに企業活動や経済活動と深く関係するものがあります。みなさんもニュースなどで、企業が従業員やお客さんを死傷させる事故を起こしたり、不正な営業をしたという事件をみたことがあるでしょう。このような犯罪を、企業犯罪とか経済犯罪ということがあります。現在の社会で企業が果たしている役割は大きく、企業犯罪や経済犯罪は刑事法においても重要なテーマです。企業犯罪や経済犯罪に関わる法律をまとめて、**経済刑法**ということもあります。

　本書では、「§3　現代社会と犯罪」で経済刑法について説明しています。

（3）　刑事訴訟法

　みなさんも刑事ドラマなどで警察官が捜査をしているのをみたことがあると思います。捜査も刑法とは無関係ではありません。捜査は、実際に発生した事件に、刑法を適用するための活動だということができます。捜査をして、犯人を刑事裁判にかけて、はじめて刑法が適用されます。このように、実際の事件にどのように刑法を適用するかについて定めた法律が、**刑事訴訟**

ガイダンス　vii

法です。警察官は、好き勝手に捜査をしてよいわけではないし、刑事裁判の
やり方も刑事訴訟法に定められています。どんなによい刑法があっても、き
ちんとした刑事訴訟法がなければ、実際に事件が起きた時に刑法を正しく適
用できなくなってしまいますから、刑法と刑事訴訟法とは密接不可分の関係
にあるといえます。

　本書では、「§5　刑法を実際に適用する方法」で刑事訴訟法について説明
しています。

（4）　犯罪学・被害者学

　「人はなぜ犯罪をするのか」という問題に関心がある人もいると思いま
す。その人の素質なのか、あるいは環境が悪いのか、いろいろな考え方があ
ります。このように犯罪の原因は何かを考えるのが**犯罪原因論**です。また、
たとえば刑法を改正しようとするとき、実際にどれくらい犯罪が起こってい
るのか、起こっているとしてどのような傾向があるのかを正しく把握してお
かなければ、的確な改正をすることはできません。こうした犯罪の状況や傾
向を、統計などを使って把握するのが**犯罪現象論**です。**犯罪学**は、このよう
な犯罪原因論や犯罪現象論を中心に学んでいく分野になります。

　他方で、犯罪をした人のことばかり考えるのでなく、犯罪によって害を
被った被害者のことも考える必要があります。犯罪被害者のことを学び、そ
の支援を考えるのが**被害者学**です。

　本書では、犯罪学と被害者学をまとめて、「§6　よりよい刑法のために」
で説明しています。

（5）　犯罪者処遇法・少年法

　犯罪をした人に刑罰を科すとしても、その人が再び犯罪をしないようにし
てもらいたいと思いませんか。再び犯罪をすることを「再犯」といいます
が、とにかく厳しく処罰して懲らしめれば再犯を防止できると考えられてい
た時代もありました。しかし、現在では、犯罪をした人が抱えている問題は
1人1人異なるから、それぞれの人に応じた取扱いをしないと、再犯を防止
することはできないと考えられるようになっています。こうした、犯罪をし

た人の取扱いをどうするべきかを考えるのが犯罪者処遇論であり、それに関する法律をまとめて**犯罪者処遇法**ということがあります。犯罪者に対しては刑罰を科すというのが基本的な考え方になりますので、犯罪者処遇論は刑罰論と密接な関係があります。ですので、刑罰論についての講義である「§4 刑罰とは何か」の中で、犯罪者処遇論についても説明しています。

　少年に対する特別な取扱いを定めた**少年法**について、少年による重大事件が起こると SNS などで「廃止すべき」という意見が述べられるのをみたことがあると思います。少年法を理解するには、犯罪者処遇論の知識が必要になります。そこで、少年法についても「§4 刑罰とは何か」の中で説明しています。

（6）　刑事学・刑事政策

　犯罪学、被害者学、犯罪者処遇論をまとめて、**刑事学**や**刑事政策**ということがあります。刑法をさらによくしていくためには、現状を分析して、改善策を考えていく必要があります。刑事学や刑事政策は、「いまある刑法」だけではなく、「よりよい刑法」を考えるために非常に重要です。また、刑法や刑事訴訟法は、起きてしまった犯罪に事後的に対応するものですが、刑事学や刑事政策では、犯罪を事前に予防するにはどうすればよいかも考えます。犯罪が起こる前から用心して、犯罪が起こらないように工夫する防犯活動は、犯罪の事前予防のひとつになります。

（7）　刑事法

　これまでに説明してきたような、刑法、刑事訴訟法、刑事学・刑事政策をまとめて、**刑事法**ということがあります。それぞれの分野の関係を「刑事法の全体像」として xii 頁の図にまとめましたので、本書を読み進めながら、また、講義での説明と照らし合わせながら、この図の理解を深めてください。この図に書かれていることがだいたい説明できるようになったら、みなさんの刑事法に関する知識は、基礎レベルとして十分なものだということができます。

ガイダンス　ix

（8）　外国刑事法

　日本の刑事法を学ぶとき、外国の刑事法と比較してみると、より理解が深まります。世界は広いので、すべての国の刑事法を学ぶことは困難ですが、「§7 刑法の国際比較」では、中華人民共和国（中国）の刑事法について説明しています。中国は日本と古くから非常に密接な関係のある隣国であり、歴史的にも法律の分野で多くの交流があったばかりでなく、最近では経済的にも米国に次ぐ地位にあり、約14億人という世界屈指の人口を有していて、日本の企業にとっても重要な取引国になっています。企業の一員であれば、中国の企業と取引をしたり、中国に赴任することも考えられます。他方で、日本と国家体制が異なる中国では、刑法の考え方も日本と異なるところがあります。そうした違いを知っておくと、日本の刑事法の理解も深まるでしょう。

（9）　本書のねらい

　似たような言葉がいろいろ出てきて混乱したかもしれませんが、法律の用語は外国語に似ています。何度も繰り返し接することで、慣れてくれば区別できるようになります。これまで説明した内容は、これからみなさんが刑事法を学ぶ上でまず理解しておいてほしいことです。単に暗記するのではなく、繰り返し確認して、似たような言葉の違いを正確に理解するようにしてください。

　本書では、狭い意味での「刑法」だけではなく、「刑事法」を学んでもらいます。刑事法の中心となるのは刑法ですが、刑法を理解する上でも、刑事訴訟法や犯罪学・被害者学、犯罪者処遇法、外国刑事法の理解が重要だからです。

　しかし、刑事法の詳しい知識すべてを、この限られた紙数でみなさんにお伝えすることは不可能です。みなさんが刑事法に関心をもってくれて、もっと知りたいと考えてもらうことが、本書の最大のねらいだといえます。

2　本書の使い方

　本書の各講は、基本事項について解説した **Lecture**、Lecture で学んだ

ことを確認するための **Exercise**、さらに発展的な学びのためのアドバイスを記載した **Further Study** の 3 部構成になっています。

Lecture を読むときには、難しい用語や分からない言葉もあると思いますが、できる限り自分で調べる癖をつけましょう。高橋和之ほか編『法律学小辞典〔第 6 版〕』（2025、有斐閣）やインターネットなどを使えば、だいたいの用語の意味は分かるはずです（ただし、インターネットの情報は間違っているものもあるので、信用できるサイトを選ぶなどの注意が必要です）。

Lecture を読むだけではなく、**Exercise** の問題についてもできる限り自分で考えてみましょう。そのときも、図書館やインターネットで調べるなどして、自分なりの解答をみつけると、どんどん力がついていくと思います。

Further Study では、今後のみなさんの学びに結びつくアドバイスとして、参考文献や、本書で学び終えた後にどんな勉強をすればよいかも記載してありますので、ぜひ参考にしてください。

3 大学の講義について

最後に、本書の主たる読者と想定される大学 1 年生向けに、大学の講義に対する考え方をお伝えしておきます。早いうちに大学での勉強の仕方を身につけておくことが、今後の大学生活を充実させるためには極めて重要ですので、忘れないようにしてください。

大学は「自分で学ぶ」ことが求められる場所です。言われたことだけをやるような、受け身の姿勢では得られるものが小さくなります。高校までの「授業」とは異なり、大学の「講義」は、みなさんが自分で学ぶための「きっかけ」だと位置づけられます。大学で学ぶ分野は、高校までのように「ここまでやっておけばよい」という限定がなく、「広く深い世界」になっています。ですから、講義で何もかも教えることはできませんし、教科書に何もかも書くこともできません。講義を聞いたら、疑問や関心をもった事柄について、図書館やインターネットで調べたり、Further Study で紹介された参考文献を読んでみるなどして、自分で調べて理解を深めていくことが求められます。

もちろん、分からないことがあれば教員に質問してもらってかまいませ

ん。しかし、自分で調べる前に、すぐに質問するようなことはできるだけ避けてほしいと思います。なぜなら、そのような姿勢だと、社会で求められる大事な能力の1つである「調査する技術」が身につかないからです。まず自分で調べてみて、どうしても分からない問題を教員に質問する癖をつければ、みなさんは大学で「調査する技術」を身につけることができるはずです。本書には基本的なことしか書いてありませんが、それはみなさんが、「もっと知りたい」と思ったことを、自分で調べてほしいという考えもあるからだと理解してください。

　ほとんどの人は、大学で初めて法律を本格的に学びます。みなさんはまさにスタートラインに立ったところです。本書を使い、受け身にならず、主体的に学ぶ力を身につけ、刑事法をはじめとする法律についての理解を深めて、社会で活躍できる人材になってくれることを期待しています。

xii　ガイダンス

刑事法の全体像

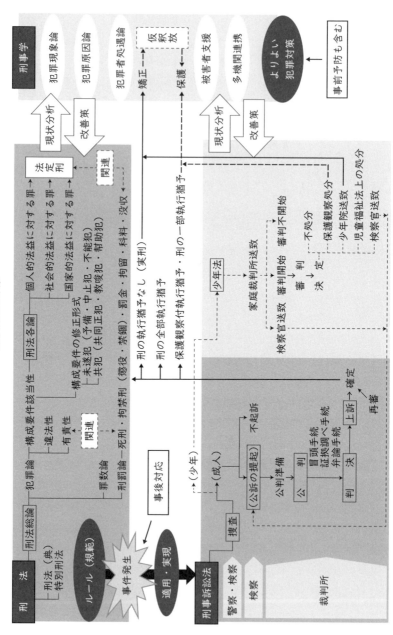

§1　犯罪とは何か

滝井伊佐武

第1講　刑法の基本原理
第2講　構成要件該当性
第3講　違法・責任
第4講　未遂・共犯

第 1 講　刑法の基本原理

Lecture

1　刑法総論では何を扱うか

刑法総論は、**犯罪論**といって、全ての犯罪に共通する要素は何かを考えていきます。たとえば、殺人罪（刑法199条）と窃盗罪（刑法235条）は、およそ似ていないと思うかもしれません。しかし、よく考察すると、殺人罪であれ窃盗罪であれ、「犯罪」が成立するためのルールには共通の部分があります。共通の部分を**刑法総論**で扱い、犯罪ごとに異なる個別の要素は**刑法各論**で扱います。

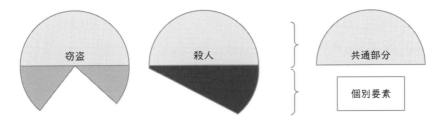

殺人罪や窃盗罪という犯罪は、たしかに違いがありますが、犯罪のカタログにあたることを意味する「**構成要件**に該当する」という点では、その考え方に共通のルールがみられます（詳しくは**第2講**で説明します）。このほかにも、正当防衛（刑法36条1項）や緊急避難（刑法37条1項本文）にあたる場合をどのように扱うかなど、犯罪の成否を考えるうえで共通するルールが数多く存在します（詳しくは**第3講**で説明します）。それらの共通する部分を集めて一括して検討するのが**刑法総論**です。

4 §1 犯罪とは何か

2 刑法の意義

　刑法を学ぶには、刑法とは何を指しているのかを知らなければなりません。広く刑法とは、犯罪と刑罰に関する規定をおく法律をいいます（**広義の刑法**）。法律学を学習していくなかでつまずきやすいのが、用語を正確に使うということです。まず「刑法」という用語が、いくつかの意味で使われることがあります。

　形式的意義における刑法とは、「刑法」という名称の法律のことをいいます。この法律は、明治40（1907）年以来、幾度か改正されながら今日まで生きている法律で、**刑法典**と呼ばれることもあります。これに対して**実質的意義における刑法**とは、犯罪の要件と法的効果としての刑罰の内容を規定した法律をいいます。この実質的意義における刑法のなかには、覚醒剤取締法や麻薬及び向精神薬取締法などをはじめ、多数の法律が含まれます。およそ法律のなかで、何らかの行為が犯罪であると規定し、それに対する刑罰を規定しているものは、実質的意義における刑法といえます。

　ここまで読んでも今ひとつピンと来ない、というのが正直なところではないでしょうか。少し回り道をしながら、理解を深めていきましょう。刑法学は「犯罪」の成立要件を検討する学問分野ですが、そもそも**「犯罪」**とは何でしょうか。殺人罪や窃盗罪が典型ですが、そればかりではありません。犯罪は、俗にいえば悪いことです。しかし、たとえば、道を尋ねられて嘘をついたり、友人と道で出会っても挨拶せずに無視したら、道徳的には悪いことかもしれませんが、それは犯罪ではありません。悪いと感じられることのすべてが犯罪なのではないのです。

　犯罪と刑罰を規定する刑法とはいったい何かを理解するには、**刑罰**に着目するとよいでしょう。法律に違反すれば不利益（制裁、サンクション）が課されます。その不利益は、民事法の分野では取消しや無効であったりしますが、刑事法の分野で与えられる不利益は刑罰です。「刑罰が科される行為が犯罪である」といったほうが理解しやすいでしょう。では、刑罰とは何でしょうか。刑法9条に「死刑、拘禁刑、罰金、拘留及び科料を主刑とし、没収を付加刑とする」と定められています。わが国ではこの6種類だけが刑罰であり、それ以外に刑罰はありません。よって、刑罰を科される行為だけが

犯罪であり、犯罪でない行為には刑罰は科されません。「〇〇した者は××の刑に処する」という規定内容を含む法律は、その名称にかかわらず、実質的意義における刑法です。形式的意義における刑法（刑法典）は、殺人罪や窃盗罪などの基本的な犯罪行為を規定するとともに、およそすべての犯罪に共通する要素や、刑罰の種類を定めています。

3 罪刑法定主義

では、何を犯罪とするかは、誰が、どのように決めるのでしょうか。権力者であれば、好きな時に、自分の気に入らない行為を犯罪として、どんな刑罰を科してもよいのでしょうか。（かなりラフな言い方になりますが）かつて絶対王制の時代には、国王といった主権者が立法権・行政権・司法権のすべてを掌握しており、自らの権限により犯罪や刑罰の内容を恣意的に決定することができました。これを**罪刑専断主義**といいます。しかし、現在の日本では国民が主権者であり、国民の意思を（選挙による代表者を通して）反映する国会でのみ法律が制定されます。このような間接民主主義のもとでは、法律は、われわれ国民が自分たちで定めたルールです。法律はわれわれが定めたものなのですから、その法律を守ることができるし、法律に従わなければなりません。とはいえ、その内容があいまいで、どのような行為が処罰される

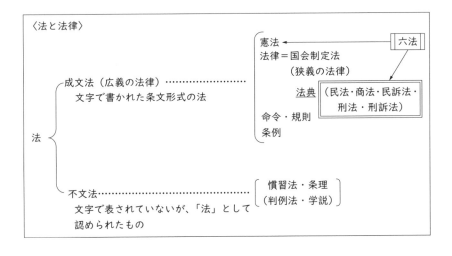

のかほとんど予想がつかなかったりしたら、そんなルールで処罰されてよい
でしょうか。今朝あなたがした行為が、昼には新しい法律ができて処罰され
るかもしれないとしたら、安心して行動できるでしょうか。文章化されてい
ない法（不文法という形式で、法の形式〔＝法源〕のひとつ）によっても処罰
が許されるとしたら、内容がよくわからないまま処罰されるおそれがないで
しょうか。

　罪刑法定主義とは、犯罪と刑罰は法律であらかじめ定められなければなら
ない、という考え方です。法律がなければ犯罪にはならないし、刑罰が科さ
れることもないことをいいます。どんな行為が犯罪であるかは、その行為が
行われるより以前に法律で定めておかなければなりません。そして、その犯
罪行為には、どのような種類の、どのくらいの重さの刑罰が科されるかを、
法律で定めておかなければなりません。このような定め方をしていれば、予
想もしなかった処罰を受けることはないでしょう。

　罪刑法定主義は、刑法学のもっとも重要な原理であり、犯罪の成立範囲を
検討する際に決して忘れてはならないものです。

■派生原則（従前の理解）
　　― 刑罰法規不遡及の原則（遡及禁止）
　　― 慣習刑法排除の原則（慣習刑法の禁止）
　　― 類推解釈禁止の原則
　　― 絶対的不定刑禁止の原則
■近時はさらに
　　― 明確性の原則
　　― 内容適正の原則　　　　　など

4　その他の基本原理

　刑法学には罪刑法定主義のほか、多くの原理があります。**行為主義**や**責任
主義**などです。現在の考え方の主流は、「犯罪とは行為である」とする立場
です（**行為主義**）。思想や内心を処罰することはできません。また刑法学で

は「責任なければ刑罰なし」とする**責任主義**も基本原理のひとつです。

5 犯罪成立要素——構成要件論から——

　犯罪の成立要素は、どのように検討していくべきなのでしょうか。たとえば、AがふりまわしたバットがBが振り回したバットが、Bの頭部に当たって、Bが死亡したとします。Aの行為は犯罪かもしれないと思われるでしょうが、殺人罪（刑法199条）なのか傷害致死罪（刑法205条）なのか、判別できるでしょうか。

　具体例で考えてみましょう。①AがBを殺そうと思ってわざと殴って殺した場合、②AはBを殺そうとまでは思っていなかったがBをわざと殴って死なせてしまった場合、③Aが振り回したバットがBの頭にたまたま当たってBを死なせてしまった場合、④Bが先にナイフでAを刺そうとしたのでAがバットでBを殴ってBを死なせてしまった場合、すべて同じ扱いでよいでしょうか。異なる扱いをすべきだとしたら、どうやって区別したらよいのでしょうか。直感だけで判断してよいのでしょうか。

　およそ犯罪には共通する要素があると考えるのが近代刑法学の立場です。犯罪の成立要素は、あらゆる犯罪に共通する要素と、各犯罪によって個別に異なる要素に分けることができます。前者の犯罪成立の共通要素を規定しているのが刑法（形式的意義における刑法）の「**第一編 総則**」で、その内容を扱うのが**刑法総論**です。そして、後者の個別の犯罪について規定しているのが刑法（形式的意義における刑法）の「**第二編 罪**」で、この犯罪ごとに異なる成立要素を理論的に検討する科目が、**刑法各論**です。さしあたって、刑法総論の対象となる、犯罪成立の共通要素の部分について考えていきましょう。

　犯罪成立の共通要素のなかにも、少しずつ性質の違うものがあり、これらをさらにどう分類するかは今日にいたるまで争われています。現在の主たる考え方は、犯罪成立の共通要素を**構成要件・違法・責任**の3つに分ける方法であり、構成要件というものを中心に考えることから**構成要件論**と呼ばれています。構成要件・違法・責任という3分法は、犯罪の成否を分析するには、どうやったら容易かつ正確になるのか、という問いに対する現在の答えです。今日までのところ、このやり方が最も効率的だろうとされています

が、異なる考え方もあります。今後、刑法学の発展により、新たな思考方法が登場する可能性もあります。大学で学習する内容は、過去の成果だけでなく、現在も発展し変化しつつあるものをも含んでいるのです。

今日 有力な構成要件論（3分法）

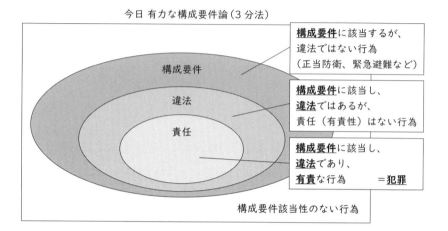

Exercise

1．形式的意義における刑法とは何ですか。

2．実質的意義における刑法とは何ですか。

3．刑法総論とは何を扱う分野ですか。

4．罪刑法定主義は何のためにあると考えられますか。

5．犯罪成立の要素をどのように分類する考え方がありますか。

Further Study

　刑法総論は、ややもすると、理屈っぽくて複雑だと感じられるところがあるかもしれません。しかし、人によっては、刑法総論の哲学的であったり、体系的整合性を求める姿勢に惹かれることもあるでしょう。

　刑法学が（総論・各論ともに併せて）何をやっているかというと、どこまでが犯罪となるのか、その基準線をどう引くかを検討しているのです。誰がどうみても犯罪だと考える行為で、しかも法律の規定にバッチリあてはまるのであれば、とくに見解は分かれません。しかし、もしかすると犯罪かもしれないと思われる行為でも、広めに罰していきたいと考える人もいれば、そうでない人もいます。社会の安心感のためには、処罰範囲を広めに設定しておくほうがよい、という考えもありうるでしょう。しかし、その一方で、個人の行動を法律でギリギリと縛り付けるのを嫌って、あまり処罰範囲を広げないほうがよい、と考える人がいても不思議はないでしょう。どうしたらよいかと問われたら、みなさんはどう答えますか。おそらく「ちょうどいいところでバランスをとって決める」と答えたいのではないでしょうか。しかし、誰にとって「ちょうどいい」のでしょうか。法律の文言だけですべて明らかになるならよいのですが、そうもいきません。刑法各論の話題になりますが、人と胎児はどうやって区別するのでしょうか。人は死亡すると死体になりますが、心臓が停止するなどした時点で死亡したとするのか、それよりも早い段階で、つまり、脳死に至っていれば死亡して死体になるのでしょうか。刑法には、どの段階で死亡したのかを定める規定がありません。窃盗罪は他人の財物を窃取した行為と定められていますが、「財物」とは何でしょうか。法律というものは、条文だけあれば何でも解決できるわけではありません。**解釈**という作業が必要になってきます。法や法律の目的を探り、その目的から外れないように法律を運用する作業が求められます。その過程に、ある種の価値観が入り込む余地が生ずるといえるでしょう。価値観の違いというと軽い響きがありますが、法益保護と自由保障のバランスをどのようにとるかという難問でもあります。

10 §1 犯罪とは何か

　刑法というものは、名前や中身に多少の違いはあれど、古代から現代にいたるまで存在しています。現行刑法の祖先をたどると、ローマ法にまでさかのぼるともいわれます。古来から議論されていながら、いまだに決着がつかない問題もあります。安楽死などもずっと議論され続けてきました。法律学を学ぶことは、自分たちの世界や社会をいかに防衛するかを考えることでもあり、大昔から現在にいたるも、なお未解決の問題に取り組むことでもあるのだと思います。死んだ知識を丸暗記するのではありません。ちょっと大きなことを言いましたが、気後れせずに、法律学のダイナミズムを楽しんでみませんか。

第 2 講　構成要件該当性

Lecture

1　犯罪論を体系化する試み

犯罪論とは、犯罪の成立要件を検討する学問分野です。現在の通説的な立場によると、犯罪が成立するには、**行為**を中核としつつ、**結果**の発生、行為と結果との間の**因果関係**、行為者の**故意・過失**など、たくさんのものがなければならないとされています。こうした犯罪の成立要素は多様で、ゴチャ混ぜにしたまま一気に一瞬で判断できるかと問われれば、それは困難であるといわざるをえません。

そこで、似たような要素を同じ箱に分類していきます。その際には、いろいろな分類方法が考えられます。今日採用されているのは、**構成要件論**という考え方のもと、**構成要件・違法・責任**という 3 つの要件に分ける考え方です。構成要件論は、犯罪の成否を理論的に検討していくのに無駄がないという点で、大きなメリットがあります。

本講では、**構成要件該当性**の問題、その中でも、構成要件に含まれる犯罪の成立要素（**構成要件要素**）の問題を扱います。

2　構成要件とは

構成要件とは、犯罪の成立要素を分類して、検討しやすく並べたときに、最初に検討する要素のグループです。犯罪の成立要素には、いわば「パッと見て外観から判断できる」客観的・形式的な要素と、行為者の内心などに関わる主観的・実質的な要素があります。このうち、客観的・形式的な要素から検討するのがよい方法だと考えられています。主観的な要素は行為者の内

心的な要素ですから、外から一見して明らかになるものではなく、また、実質的な要素ということは、形だけみてもわかりませんから、中身を吟味しなければなりません。このように、簡単なところから検討を始めたほうがよいので、客観的・形式的な要素をまとめて入れた箱に「構成要件」という名札を付けて、その箱を最初に検討する位置においた、とイメージすると、わかりやすいでしょうか。

　構成要件には、犯罪が成立するのに必要となる客観的な事実が分類されています。たとえば、犯罪行為を行う主体、犯罪の対象となる客体、犯罪の中核となる行為、犯罪の結果、行為と結果との間の因果関係などです。これらは主として、客観的にみてあるかないかが判断される要素です。しかし、今日の構成要件の理解は、単なる客観的な事実の類型ではなく、違法・有責類型と理解されており、客観的な要素のみでなく、主観的な要素も認められています。これに伴って、構成要件に該当するか否かの判断も実質化しています。

3　犯罪論の体系

　構成要件は、犯罪となる事実の類型で、客観的・形式的な要素です。まずは構成要件段階で、犯罪となる客観的事実がそろっているかが形式的に判断されます。構成要件に分類された要素をすべて満たせば、第1段階は終了し、次の違法性の段階へと進むことになります。違法性の段階では、たとえば正当防衛（刑法36条）や緊急避難（刑法37条）に当たる事実がなかったかを客観的・実質的に判断して、違法性を否定する事実があれば違法ではないとされます。違法性の段階で違法であると判断されると、最後に責任の段階に入って、故意・過失といった主観的要素があるかないかが実質的に検討されることになります。責任の要素もすべて満たせば、構成要件・違法・責任という（犯罪成立のための）全ての要素が揃って、犯罪が成立します。

構成要件：客観的・形式的

違 法 性：客観的・実質的

責　任　：主観的・実質的

4 構成要件の機能

　構成要件とは、犯罪ごとの客観的な成立要素の集合体・類型であるとされ、殺人罪（刑法199条）の構成要件や、窃盗罪（刑法235条）の構成要件など、それぞれ犯罪ごとに○○罪の構成要件が存在します。**刑法総論**では、それぞれの犯罪の構成要件のうち、共通する要素を扱います（違法・責任についても同様のことがいえます）。

　しかし、犯罪になる事実はそもそも「違法な事実」だとすれば、**構成要件**は単なる事実の類型ではなく、違法な事実の類型だということができます。とはいえ、正当防衛などによって違法性が阻却される（違法でないとして違法性が否定される）場合がありえます。したがって、構成要件は違法だと推定される事実の類型であり、本当に違法かどうかは構成要件の次の段階（＝違法性の段階）で判断されることになります。この意味での構成要件は、違法性を推定させる事実の類型という意味で、**違法類型**といわれます。なお、違法性もかつては客観的に把握されるものでしたが、違法性においても正当防衛の目的・認識といった主観的要素も存在することから、違法性も純粋に客観的にのみ判断されるものではなくなっています（なお、主観的要素とは、行為者の内心的な要素という意味で「主観的」といいます。刑法では「主観的判断」ということがありますが、それは、内心的な要素の有無について判断をするという意味であり、勝手に好き嫌いで決めるという意味ではありません）。

　構成要件には様々な機能があり、そのなかでも重要な役割に、**犯罪の個別化機能**があります。通常、構成要件は犯罪の種類ごとにあるとされます。殺人罪（刑法199条）の構成要件、過失致死罪（刑法210条）の構成要件などです。犯罪の成否を検討する最初のステップ（＝構成要件段階）で、どの犯罪類型に当たるかを区別することで、あれこれ当てはめてみる手間を省こうというのです。犯罪の個別化機能を重視すると、構成要件段階で、故意に人を殺害した殺人罪と、過失によって人を死なせた過失致死罪とは区別されることになります。行為者が、客観的にみて他人を死亡させるのに十分な危険を含む行為を行い、その結果として人が死亡する、という点では、殺人罪も過失致死罪も共通しています。両罪を分かつのは、故意によるか過失によるかです。構成要件の段階からすでに故意・過失を区別しないと、どの構成要件

に照らし合わせればよいのかはわからないのではないでしょうか。俗な言い方をすると、パッと見で故意っぽいか過失っぽいかは見分けられるはずだ、ということです。故意・過失という要素は、大半を責任段階に残しつつ、2つの部分に分けられます。そのうち形式的に判断しやすい部分は構成要件に移し、残った実質的・主観的に判断すべき部分は責任の段階に残しておきます。構成要件に移動させられた故意・過失を、**構成要件的故意・構成要件的過失**といいます。構成要件に取り込まれた構成要件的故意・構成要件的過失は**主観的構成要件要素**となり、構成要件は客観的要素だけの集合体ではなくなったのです。責任の段階に残された故意・過失の本体部分は、**責任故意・責任過失**と呼ばれます。

5 行 為

このように、犯罪とは、まず構成要件に該当する行為である必要があるわけですが、大前提として、「犯罪とは行為である」、ということを基本に据えておきましょう（犯罪の中核となる概念を「行為」ではなく、「行為者の危険な性格」であるとする立場もかつては有力に主張されていましたが、ここでは現在の通説的な立場をベースにします）。では、刑法学でいう**行為**とは、そもそも、どのように定義されるのでしょうか。これは、「意思決定に基づく身体の動止（動静）」であるとされています。これを**狭義の行為**といい、ここに**結果**を加えると**広義の行為**であるとされます。

> 「意思決定に基づく身体の動止」──狭義の行為
>   ＋〈因果関係〉　　　　　　　　　　　　　 ⎫ 広義の行為
> 「結　果」　　　　　　　　　　　　　　　　⎭

　刑法典では大半の犯罪が結果の発生（「人の死亡」という結果など）を必要としていますが（これを**「結果犯」**といいます）、偽証罪（刑法169条）のように、行為（「虚偽の証言をすること」）さえなされていれば、結果（偽証によって「誤判が生ずる」など）の発生がなくても犯罪が完成するものもあります（これを**「挙動犯」**といいます）。

第 2 講　構成要件該当性　　15

　意思決定に基づかない行為は、刑法上の行為ではありません。睡眠中の反射運動はその典型です。人の能力では制御できないものから悪しき結果が発生しても、人の力ではどうすることもできない以上、刑事責任を追及することはできません。

　たとえば、就寝中に自分が殺される場面を夢に見た者が、その相手を殺すつもりで、起き上がりざまに隣で寝ていた人を絞め殺した、という、いわゆる「夢の中の殺人」（大阪地判昭和37・7・24下刑集 4 巻 7 = 8 号696頁の事案）についてはどのように考えるべきでしょうか。第一審の大阪地裁は、行為の存在を否定して、行為がない以上、犯罪にならないとしましたが、第二審の大阪高裁は、実行行為性を肯定しつつも、責任無能力（刑法39条 1 項）を理由に、無罪の判決を言い渡しました。

　では、強盗にピストルを突き付けられて、被害者宅まで道案内をさせられる、という「強制下の行動」についてはどうでしょうか。道案内を断れば自分は殺されますが、殺されたくないから道案内をしたのであれば、自分の意思で強盗の手助け（幇助）を行ったことになります。断れば殺され、助かろうとすれば犯罪になる、このような事態に置かれた者をなんとか救えないでしょうか。

　ひとつの解決方法として、意思決定は自由になされたものでなければならない、とする方法があります。すなわち、行為の定義を、「自由な意思決定に基づく身体の動止（動静）」と改めるのです。強制下においては、意思決定は自由になされたものではありません。意思は自由に行使できるものでなければ、真の意思とはいえないというのです。

　しかし、自由というのはどのような状態なのでしょうか。周囲から何の制約もない場合を自由というのは理解できますが、何らかの制約は生ずるものです。これをすべて行為でないとするのは、甘すぎではないでしょうか。そこで、構成要件該当性を認めながら、違法性の段階で、緊急避難（刑法37条）による犯罪不成立を検討する方法も考えられます（しかし、それは容易ではないでしょう）。さらに、違法性の段階でも犯罪の成立を否定できないとして、責任の段階で、期待可能性がないとか、責任能力がない（刑法39条 1 項）として、犯罪の成立を否定しようとする立場もあります。

16 §1 犯罪とは何か

　刑法というと、刑罰を科して厳しく処分するイメージがあるかもしれません。しかし、罰すべきものは罰し、罰すべきでないものは罰しないようにするのが、刑法の考え方です。犯罪不成立という結論が同じであるならば、できるだけ理論的に無理のない（＝納得できる）方法によるべきです。構成要件という早い段階で犯罪の成立が否定されるほうが人権保障になじむのではないか、と思う人もいるかもしれませんが、捜査や公判が構成要件・違法・責任の順で進むわけではありません。構成要件論は、あくまで思考経済の産物なのです。

Exercise

１．犯罪の成立要件はどのようにグループ分けされますか。

２．構成要件にはどのような要素が含まれますか。

３．犯罪の個別化機能とはどのようなものですか。

４．故意・過失は、犯罪論体系のどこに位置づけられますか。

５．刑法上の行為とはどのようなものですか。

Further Study

　行為をめぐる問題点は、いろいろあります。行為を自然科学的な側面から捉えるか、それとも社会的な意味づけを与えて捉えるか、などの対立から、行為をどのように理解するかが学説の発展の中で議論されてきました。とりわけ、**目的的行為論**という考え方が、今日の刑法学の発展に大きな影響を及ぼしましたが、この点は発展問題としておきます。

第2講　構成要件該当性　　17

　学説の中には、今日では支持者を失っているものもあります。しかし、古いから知らなくてよい、主張者がいないから無視してよい、とはいえません。それが現在主張されている考え方のベースになっていたりするし、時代順に学説の発展の仕方を知ると、今も対立する諸学説の主張が理解しやすくなるからです。ここでは、各学説の深みを知るための余裕はありませんが、刑事法学の中で特に重要な概念・論点がどこにあるのかを知ることを目標としてください。全体像をつかめば、今後、学習が進んだ際に、「いま自分は何を学習しているか」を意識して迷子になることなく進むことができるでしょう。

　構成要件の前に行為をことさらに論ずる必要があるかは、今日でも議論があります。また、構成要件は形式的判断に馴染むとするスタンスは維持されつつも、その実、学説によっては相当に実質的な判断を求めることもあります。構成要件に故意・過失の一部の要素を組み込んだように、違法や責任の段階に分類されていたいろいろな要素を構成要件に入れ込んでいこうとしているような立場もあります。犯罪の個別化には役立つでしょうが、果たして構成要件にすべての犯罪成否の要素を盛り込んだとき、違法や責任に何が残るでしょうか。ひとつの大きな箱に成立・不成立の要素を放り込んだ状態にならないでしょうか。

　構成要件そのものの位置づけをめぐる記述は、Further Study に属する部分が相当に含まれています。基本を知ってから発展問題へと進むのが通常ではありますが、ときには理論的な広がりや歴史的背景を知ったうえで基本事項に取り組んでみるのもよいでしょう。そうすると、実はほかにも解決法があることに気づくかもしれません。刑法に限らず、各法律科目の教科書の最初のほうは「資格試験なんかに出題されない」から読まない、という人も多いように思われます。しかし、その部分には、なぜ学説の対立があるのか、なぜ判例が一貫しないのか（どんな時代背景によって変化しているのか）が示されていることがあります。全体像がみえたり、対立軸が理解できたりするので、ちょっとお得な情報源だと思います。

　刑法に限らず、理論面を探求して学んでいくことが、直ちに試験に有利になるわけではありません。かといって、試験に出そうなところだけ暗記した

りするだけで、モチベーションを維持できるでしょうか。全科目でなくてよいから、せめて1科目ぐらいは深く勉強してみてはどうでしょうか。少なくとも、卒業論文や卒業研究には役立つでしょう。そればかりか、得意科目ができると自信につながり、勉強のコツもつかめます。好きな科目ができれば、学習意欲も維持できます。目先の利益ばかり追っていると、本当の目標を見失いがちです。広い視野を持つように心がけるとよいでしょう。

　学問もスポーツと同じで、継続して負荷をかけることで、筋力が養成されるように、思考力も養成されます。簡単なことばかりを追い求めていると、楽をしているばかりで、筋力も思考力も衰えてしまいます。すこしツラいくらいのペース配分で、学習の習慣を維持することが肝要です。

第 3 講　違法・責任

1　違　法

　犯罪成立要件からみた犯罪の定義は「構成要件に該当し、違法かつ有責な行為」というものです。ここでは、犯罪の成立要件を 3 つに区分したうちの 2 番目にあたる、「**違法**」をまず扱います。構成要件に該当すれば「おそらく違法であろう」と形式的に推定されますが、本当に違法かどうかは実質的に検討される必要があります。このように、違法か否かを検討する理論区分が、**違法論・違法性論**と呼ばれるものです。

　構成要件には、主として客観的・形式的に判断される要素（犯罪を構成する要素）が集められているのに対して、違法のところで扱われるのは、主として客観的・実質的に判断される要素です。構成要件と違法は別個に考えるべきものであって、構成要件に当たるだけで犯罪が成立するわけではありません。

　違法論にはたくさんの論点がありますが、ここでは違法論に関する重要論点の中からピックアップして、刑法における違法の考え方の一端に触れるに留めたいと思います。後述の責任についても同様に、ごく一部の論点を取り上げて検討しつつ、責任論のアウトラインに触れるに留めたいと思います。

　刑法という法律には、違法とは何かを定義する規定はありません。しかし、刑法典第一編に「第 7 章 犯罪の不成立及び刑の減免」として、**正当行為**（刑法35条）・**正当防衛**（刑法36条）・**緊急避難**（刑法37条）に関する規定が置かれています。これらは、構成要件に該当しても違法ではない例外的な場合についての規定です。つまり、現行刑法は積極的に違法を定義していませ

んが、違法でない場合を規定しているのです。

正当防衛や緊急避難のように、実質的には違法ではないとされるものを、**違法性阻却事由**といいます。違法性阻却とは、「違法性を否定する」という意味だと理解しておくとよいでしょう。事由とは、一定の法的効果を発揮する理由となる事実をいいます。違法性阻却事由に替えて、むしろ、**正当化事由**と呼ぶべきだとする立場もあります。正当化というと、日常語では、間違ったことを無理に正しいと強弁するようなイメージがありますが、法律用語としては、正しいものとして認められる、といったニュアンスがあります。違法性阻却事由、正当化事由のいずれの語を使うにしても、日常語のイメージに引きずられることがないようにしてください。

ここでは、誰もがイメージしやすい**正当防衛**をもとにして検討を進めます。刑法は36条として正当防衛に関する規定を置いています。六法を参照すればわかる通り、36条には1項と2項があります。2項はいわゆる**過剰防衛**を定めていて、1項が**正当防衛**とは何か（＝正当防衛が認められる要件）を定めた規定です。

俗に正当防衛というと、襲われたときに殴り返してもいい、という具合に考える人が多いでしょう。しかし、刑法36条1項にいう正当防衛は、それほど単純ではありません。刑法で正当防衛として認められるためには、いくつもの要件があり、それらの要件をすべて満たさなければ違法性は阻却されません。ここでは正当防衛の要件について全体を概観してみたいと思います。

まず、刑法36条1項、正当防衛の規定を、六法で確認してみましょう。

「急迫不正の侵害に対して」という部分では、侵害者に関することを規定していると考えられます。そこには、①**急迫性**、②**不正性**、③**侵害**という3つの要件が定められています。

①**急迫性**とは、侵害者からの攻撃（＝侵害行為）が、現在行われているか、またはその侵害が切迫していることをいいます。したがって、すでに終了した侵害に対して反撃をすることは許されません。昨日殴られたから、今日殴り返す、というようなことは、正当防衛としては認められません。急迫性の要件を欠くからです。

②**不正性**とは、侵害者の攻撃が違法であることをいいます（これよりも少

第 3 講　違法・責任　21

し広く解する説もあります）。これをもって、正当防衛は「**不正 対 正**」の関係にあるといわれます。違法な侵害に対して反撃したその行為は、正当なものとして扱われます。つまり違法性が阻却されることになります。

　③**侵害**ですが、正当防衛ができるのは、侵害行為があった場合または差し迫った侵害行為が存在する場合に限られます。自己または他人の法益を侵害する行為がなければ、そもそも正当防衛状況にはありません。行為とは人が行うものですし、人の行為についてしか違法か適法かを論ずることができない以上、自然災害や野生動物に対しては正当防衛をすることはできません。このような「**対物防衛**」といわれる事態をいかに処理するかは、②の不正性の理解と合わせて議論されています。

　次に36条１項には「自己または他人の権利を防衛するため」とありますが、正当防衛をすることができる防衛行為者は、ここでいう「**自己**」に当たります。また、自分以外の者（＝「**他人**」）が侵害を受けているときに、その被侵害者を守るための反撃行為も正当防衛となります。

　さらに文言上は「**権利**」とされていますが、広く**法益**と理解される傾向にあります。これは、刑法で守られるべき法的な利益であり、必ずしも権利とまでいえなくてもよいとされています。

　続いて36条１項には「**防衛する**」とありますが、正当防衛とされるには、侵害者に対して行われる防衛でなければなりません。無関係の者を押しのけて逃げるといったような行為は、侵害者に対する防衛にはなっておらず、正当防衛とはなりません（ただし、**緊急避難**〔刑法37条〕となる余地があります）。

　なお、「**（防衛する）ため**」というのは、いわゆる**防衛の目的・意思**にかかわる要件です。多くの論者は、正当防衛が認められるのは、侵害を受けている自己または他人を防衛するため、すなわち、「**防衛の目的**」「**防衛の意思**」をもって反撃に出る場合に限定されるとしています。このように、「〜するため」という文言は、「〜する目的で」とか「〜する意思で」という意味だと理解することができますが、「〜するのに適した」と理解することもできます。例えば「料理をするための服」という場合、「料理をすることを目的とした（あるいは意識した）服装」と捉えることができますが、その一方で、「料理をするのに適した服装」と読むこともできます。そこで、防衛の

22 §1 犯罪とは何か

目的・意思を不要とする立場は、これを防衛に適した行為と理解します。「防衛するため（やむを得ず）にした行為」は、防衛するのに適した行為、つまり、反撃の性質をもった行為を刑法が求めているに過ぎない、とみるのです。この点については、（ここでは取り上げませんが）**偶然防衛**といわれる事態をめぐって説明されます。

　36条1項に戻ると、続いて「やむを得ずにした行為」とあります。「**やむを得ずに**」という文言は、防衛行為の**必要性**および**相当性**にかかわる要件です。もし侵害者に対する行為が不必要であったり、侵害者からの侵害に対して均衡を失した過剰なものであったときは、**過剰防衛**であって、正当防衛とはなりません。正当防衛ならば、違法性が阻却されて犯罪は不成立となりますが、過剰防衛であれば、違法性は阻却されず犯罪となります。

　最後に「**罰しない**」とされているのは、正当防衛が成立した場合の法的効果を定めています。文言上は「罰しない」とされていますが、違法性が阻却されて犯罪は不成立となるものと解されています。

2　責　任

　犯罪成立要素の3分法からすると、構成要件、違法に続いて、第3の区分として**責任**があります。この責任の区分に含まれる要素にも、**責任能力**をはじめとして、**責任故意・責任過失**など、多くのものがあります。この責任要素は行為者の主観面にかかわる要素（＝主観的要素）が主となります。したがって、責任判断は主観的・実質的となります。

　責任を生ずる前提として**責任能力**があります（＝**責任前提説**。責任の前提ではなく、むしろ責任の要素に位置付ける立場〔＝**責任要素説**〕もあります）。刑法でいう責任能力は、違法性を弁識する能力（＝**弁識能力**）と、その弁識にしたがって行動を制御する能力（＝**行動制御能力**）からなります。どのような行為が違法なのかを判断する弁識能力が欠ければ、もはや責任能力はないことになります。弁識能力があっても、行動制御能力が欠ければ、やはり責任能力はないことになります。

　この責任能力は法律的な概念であって、精神疾患の有無によってのみ左右される医学的な判断ではありません。裁判では、鑑定の制度によって、医学

第3講　違法・責任　　23

的・生物学的な方法による判定が参考にされることもありますが、鑑定結果のみで責任能力の有無が決まるわけではありません。なお、**心神喪失**（刑法39条1項）であれば、そのときの行為は犯罪となりませんが、だからといって放置されるわけではありません。自傷他害のおそれがあるときは、**精神保健及び精神障害者福祉に関する法律**29条に基づいて措置入院に付されたり、**心神喪失等の状態で重大な他害行為を行った者の医療及び観察等に関する法律**による措置が取られます。また、一部の人は、精神的な病気であるかのように装った詐病によって容易に責任無能力者のふりが可能であると言うようですが、現実はそう甘くありません。そもそも、完全に責任能力がないとされる基準は多くの人の想像よりも遥かに厳しいのです。

　構成要件の個別化機能によって、故意犯か過失犯かを形式的に区別できる故意・過失の一部分は切り取られ、**構成要件的故意・構成要件的過失**とされています。これと区別するため、責任に残された部分を**責任故意・責任過失**と呼びます。ここでは、構成要件的故意・構成要件的過失と責任故意・責任過失の機能の違いや、それぞれにまつわる議論の違いについては説明しませんが、故意・過失の論じられる場所については知っておいたほうがよいでしょう。

　責任故意・責任過失との関係で、**違法性の意識**（あるいは**違法性の意識の可能性**）という論点があります。違法性という言葉が使われていますが、これは責任論で扱われます。違法性の意識とは何か、おおまかに言うと、自らの行為が刑罰法規で処罰されるような違法な行為であるとの意識を抱くことです。違法性の意識（の可能性）が犯罪の成立に必要なのか否か、また、必要であるとすれば、それは責任故意・責任過失の一部に含まれるのか（**故意説**）、それとも、責任故意・責任過失と並ぶ責任要素なのか（**責任説**）など、学説の対立はやや込み入っています。故意説と責任説は、さらに細かく分かれて対立しています。

　期待可能性とは、その行為の事情の下で、行為者に適法行為に出ることを期待できる可能性が存在することです。この期待可能性をめぐって展開される理論を、**期待可能性の理論**といいます。

　期待可能性は、かつてドイツで発生した事件を契機として議論が盛り上が

りました。いわゆる「**暴れ馬事件**」を、イメージしやすくするために少し膨らませてみましょう。辻馬車の駆者が出勤したところ、あばれ出しやすい癖のある馬が割り当てられていました。雇い主も駆者もその馬の悪い癖を知っていたので、駆者はこの馬の使用をやめるよう雇い主に頼んだのですが、雇い主はこれに応じず、この馬を使って仕事に出ないと言うのなら仕事は与えない、そうすれば賃金も入らないぞ、と答えました。仕方なく駆者はその馬を運行の用に供し続けたのですが、運行中に暴れだして、その日ついに通行人にケガをさせてしまった、というものです。危ない馬だと知りつつも、その癖馬を使った結果、事故を起こして他人をケガさせたとすると、過失傷害罪か何かの罪に問うべきではないでしょうか。しかし、1887年3月23日、最高裁にあたるドイツのライヒ裁判所は、被告人である駆者に無罪の判決を言い渡しました。

　一体、どのような理論から、犯罪不成立の結論を導き出せるのでしょうか。この駆者が適法行為に出るとすれば、それは、雇い主の業務命令に反して癖馬を使うことを拒否すること、ということになるでしょう。しかし、そのような適法行為の実行に踏み切ったら、駆者のその日の仕事はなくなり、確実にその日の給金を失うことになります。発生するかどうかわからない事故のために、確実に収入を失うという適法行為を期待できたでしょうか。それは酷ではないでしょうか。

　ところで、適法行為に留まる可能性というのは、一体、誰の立場に立って判断すればよいのでしょうか。最終的には裁判官が判断することになりますが、裁判官は「誰の立場を基準にして」判断すればよいのでしょうか。もし行為者の立場や見方を基準にして期待可能性を判断するとなれば、なんでも許さなければならないのではないでしょうか。かといって、国家や法規範を基準にすれば、そもそも犯罪を行って欲しくないし、実行不可能な法律を強制しているはずはないから、適法行為に留まることはできたといわざるをえません。これはやはり苛酷でしょう。どのように理論構成するべきか、各自で考えてみてください。

Exercise

1．違法性阻却事由にはどのようなものがありますか。

2．正当防衛とは何ですか。

3．責任の要素にはどのようなものがありますか。

4．責任能力とは何ですか。

5．期待可能性とは何ですか。

Further Study

　ここで扱ったのは、違法・責任の中のほんの一部ですが、そのいずれもが犯罪の不成立に関する概念でした。ことに期待可能性は、刑法学にも人情味のあることを示す好例でしょう。とかく刑法は厳しく処罰するばかりだとの印象を持たれがちですが、人間の弱さを考慮して、なんとか弱き者を助けようといろいろと考えているのです。刑法学だって、無味乾燥な厳しいことばかりを言うのではなく、なんとか温かみのある解釈を展開しようと努力しているのです。しかし、人に優しくしようとすると、結局なんでも許すことにもなりかねませんので、どこで折り合いをつけるかが悩みどころです。

　おそらくみなさんは、「ちょうどいいところで」と答えたくなることでしょう。しかし、その「ちょうどいい」を、どのように理論化し、あらかじめ尺度・基準として明確にできるのかが最大の問題なのです。「暴れ馬事件」では、1800年代末の事件を紹介しました。遅くとも、その時代からずっと議論を続けているのに、まだ万人の納得する結論は出ていません。誰だって「ちょうどいいところで」折り合いをつけたいと思っているのに、人によっ

てその「ちょうどいい」が異なったり、時代によって変わったりして、いまだに一致した結論を見いだせないでいるのです。理論面でも、誰しもが納得する理論構成や結論に達していないから、いまでも議論が続いているのです。そんなところが「論点」といわれたりしているのです。

　法律はみんなのものです。その解釈もできるだけ多くの人が納得できるものである方がよいといえます。法律学を学ぶことは、そのための議論に参加できるということです。他人任せにするのではなく、自分たちのルール、自分たちの法制度の内容をより良いものにするために、みなさんも自分の力で考えてみてください。

第4講　未遂・共犯

Lecture

1　修正された構成要件

　犯罪の基本的な形は、1人の人が1つの犯罪を最後までやり通すというものです。この場合、構成要件はそのままの形で完全に満たされます。このような形で満たされるのが「**基本的構成要件**」です。しかし、犯罪行為に出たものの結果が発生しない場合もあります。また、複数の人が協力して1個の犯罪を行うこともあります。これらの場合は、1人の人が1つの犯罪を最後までやり通すのとは異なります。刑法には、こうしたケースをどう扱うべきかに関する規定が置かれています。**未遂**に関する規定（刑法43条、44条）や、**共犯**に関する規定（刑法60条以下）がそれです。**未遂**と**共犯**は、ともに「**修正された構成要件**」として論じられます。

```
■基本的構成要件：一人・一罪・既遂
■修正された構成要件：数人・数罪・未遂
              （共犯　罪数　未遂）
```

2　未　遂

　刑法は既遂犯を原型としており、未遂は常に処罰されるわけではありません。未遂が処罰されるのは、特別な処罰規定のある場合に限られます（刑法44条）。
　犯罪が行われる時系列にしたがって、順に、①**予備・陰謀**、②**未遂**、③**既**

遂に分けることができます。ただし、内心的に決意しただけでは犯罪とはなりません。意思が外部に現れる、つまり、**行為**に出たのちに処罰の要否を考えることができるのです。未遂処罰の根拠は、行為の**危険**にあると考えられています。結果不発生にもかかわらず未遂が処罰される場合があるのは、構成要件的結果を発生させる危険がその**実行行為**に認められるからです。既遂で発生する結果が重大な犯罪に限って、未遂は処罰されます（殺人未遂罪〔刑法203条〕、強盗未遂罪〔刑法243条〕など）。既遂で発生する結果があまり重大でない犯罪の未遂は処罰されません。さらに結果から離れた、**予備・陰謀**についてみると、結果発生の危険は大きくありません。それゆえ、予備・陰謀が処罰されることは極めて珍しいのです（殺人予備罪〔刑法201条〕、強盗予備罪〔刑法237条〕など）。

未遂にもいくつかの種類があります。典型的な未遂は**障害未遂**のことを指し、これを**狭義の未遂犯**ということもあります。刑法43条本文の文言に従えば、「犯罪の実行に着手してこれを遂げなかった」場合をいいます。犯罪に当たる実行行為を開始したものの、外部的障害によって結果が発生しなかった場合です。単に未遂というと、このことを指します。

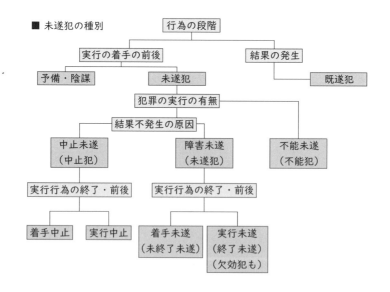

第4講　未遂・共犯　29

　障害未遂の法的効果は、刑の**任意的減軽**です。条文の文言の「その刑を減軽することができる」の「できる」というのは、必ず刑を減軽するのではなく、減軽してもしなくてもよいということを示しています。未遂といっても、悪質な場合には、既遂と同じ法定刑の枠内で刑を宣告してもよいのですが、犯情によっては、刑法68条の方法に従って、既遂の法定刑を減軽してできた枠内で刑を宣告することもできます。どのように減軽するかのルールは、刑法68条の前後の規定で確認してみてください。

　刑法43条ただし書に規定されているのが、**中止犯**（**中止未遂**）です。狭義の未遂犯（障害未遂）は、既遂犯の構成要件を修正したものですが、中止犯は、狭義の未遂犯をさらに修正したものといえます。中止犯は、犯罪の実行に着手したものの、自己の意思によって（**任意性**）、結果の発生を防止した場合です。

　中止犯の法的効果は、刑の**必要的減免**です。「その刑を減軽し、又は免除する」と定められていて、「〜することができる」という文言がありません。中止犯となった場合は、既遂の法定刑から必ず減軽するか、刑を免除するかのいずれかを選択しなければなりません。なお、刑の免除は、犯罪不成立による無罪ではなく、犯罪は成立している有罪の判決です。

　中止犯の主たる問題は、「自己の意思により犯罪を中止した」というのは、どのような場合で、どの範囲で認められるかです。この中止犯の**任意性**をめぐって、見解が対立しています。

　未遂犯と区別されるものとして、**不能犯**があります。不能犯は、行為者が犯罪の完成に至るべき危険を含んでいない行為によって犯罪を実現しようとした場合で、処罰の必要性はないと考えられています。不能犯の例としては、呪いによって相手を殺そうとする「丑の刻参り」のような迷信犯があります。また、健康な人に砂糖水を飲ませて殺せると信じて実行するなどの場合が挙げられます。硫黄を混入させた味噌汁を飲ませて殺害を図った行為につき、殺人罪としては不能犯ですが、健康を害する結果を生じれば傷害罪の成立を認めうる、とした判例があります（大判大正6・9・10刑録23輯999頁）。

3 共犯

修正された構成要件として、**共犯**の問題があります。犯罪は1人だけで最初から最後まで行う単独犯が基本形ですが、複数の者が関与して犯罪を実行することも珍しくありません。ここでは、共犯の種類など、その概要に触れたいと思います。

複数の者で犯罪を行う場合は、すべて共犯といえます（**最広義の共犯**）。そのなかには、そもそも1人では行うことのできないものも含まれています。たとえば、騒乱罪（刑法106条）のような犯罪は、決して1人では実行できません。このように、刑法の規定上、2人以上の者の共同の犯行が予定されている犯罪を、**必要的共犯**といいます。

これに対して、殺人罪（刑法199条）や傷害罪（刑法204条）などのほとんどの犯罪は、1人で実行可能です。単独犯として予定されている犯罪を2人以上の行為者が共同して行う場合については、刑法典第一編の「第11章 共犯」（60条以下）に規定が置かれています。単独で犯しうる犯罪を複数人で行う場合を、**任意的共犯**といいます。

■ 分類図

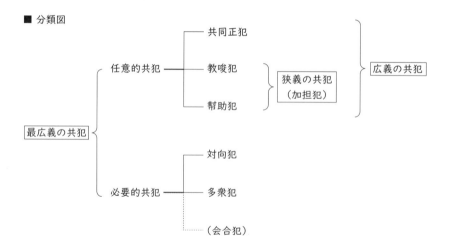

刑法総論では、任意的共犯を中心に議論が展開されます。必要的共犯は、個別の犯罪ごとに規定が設けられていることから、刑法各論において検討さ

れる傾向にあります。

　正犯という概念にも種類があります。1人の行為者が単独で犯罪を行う**単独犯**（単独正犯）が典型的です。このほかにも、2人以上の行為者が、意思の連絡なしに、時を同じくして、同一の客体に対して、同一の犯罪を実行すると、**同時犯**となります。各人は自らの行為とその結果についてのみ正犯者としての責めを負うに過ぎませんが、傷害罪の場合に特例が定められています（刑法207条により共同正犯として扱われます）。

　また、自分で犯罪を実行するか、事情を知らない他人の行動を利用して自己の犯罪を実現するかによっても異なります。行為者自身の直接的な身体的動静によって犯罪を実現することを**直接正犯**といいます。これに対して、他人を道具として利用することによって犯罪を実現することを**間接正犯**といいます。自ら手を下していないものの、他人を利用していれば正犯としての責めを免れるのは適切ではないでしょう。間接正犯も現在では正犯と考えられていますが、その理論構成をめぐっては議論があります。

　刑法60条以下に共犯の規定が並んでいますが、60条の**共同正犯**は複数人が一緒になって自分たちの犯罪を実行するのだから正犯であると考える立場が多数説となっています。これに対して、自分自身の犯罪を実行するのではなく、他人の犯罪にかかわる形態が、**狭義の共犯**であるとされます。すなわち、**教唆犯**（刑法61条）と**幇助犯**（刑法62条）が、狭義の共犯とされます。

　教唆犯は、刑法61条に規定されています。教唆犯の要件は、①教唆者が人を教唆することと、②教唆に基づいて被教唆者が犯罪を実行することです。**教唆**とは、まだ犯罪意思を抱いていない者に対して働きかけ、特定の犯罪を実行する意思を生じさせ、犯罪を実行させることをいいます。

　正犯者が犯罪を実行するのを容易にする行為の一切を指して**幇助**といい、刑法62条に**幇助犯**として規定されています。既に犯罪を決意している者に対して、侵入道具を手配したり、毒薬の入手を手伝ったりすること（**有形的幇助・物理的幇助**）が典型です。そのほかにも、**無形的幇助・心理的幇助**があり、たとえば、犯罪の決意をしたもののその成功に自信を失いそうな者を応援したり元気づけるなどして、正犯の犯行を容易にする場合などがあります。この**無形的幇助犯**は、先に挙げた教唆犯と似ていますが、正犯者は既に

32 §1 犯罪とは何か

どういう犯罪を行うかは決意しており、無形的幇助はそれを心理的に促進したに過ぎないところに違いがあります。

刑法60条に規定されている**共同正犯**は、**広義の共犯**に含まれますが、共同正犯の本質は正犯であると解する立場が一般的です。すなわち、自己の犯罪を、他の者と共同して行っているのだから、本質的には正犯であると考えられます。

共同正犯にもいくつかのパターンがあります。強盗罪（刑法236条）を例にすると、まず、ＸとＹの２人が意思連絡の上、Ａに対する強盗を計画し、その計画に基づいてＸとＹが２人でＡを押さえつけて縛り上げ、ついでＸとＹが２人で金目の物を物色して金庫を２人で両側から抱えて持ち去り、その後、ＸとＹが儲けを山分けしたとします。このように、構成要件が予定している実行行為をともにすべて一緒に行っている場合を、**完全実行共同正犯**といいます。問題なく共同正犯です（かりに共同正犯の規定がなくても、ＸとＹには、おのおの正犯としての責めを問うことができます）。

では、ＸとＹの２人が相談して意思連絡の上、Ａに対する強盗を計画し、その計画に基づいてＸがＡを押さえつけて縛り上げている間に、Ｙが１人で金目の物を物色して現金を発見して風呂敷に包み、ＸとＹが逃げ去り、その後、ＸとＹが儲けを山分けしたという場合はどうでしょうか。構成要件的行為を分担して実行している場合です。Ｘは暴行しか行っていませんから、暴行罪（刑法208条）にしかならず、Ｙは財物奪取しか行っていませんから、窃盗罪（刑法235条）にしかならないのでしょうか。そうすると、法定刑を比べると、強盗罪よりも軽い刑に留まってしまいます。これでは妙です。ＸとＹが分担して２人で強盗したとみるのが当然ではないでしょうか。このように、共に犯罪を行った者が、構成要件的行為の一部ずつしか行っていない（が全員を合算するとすべての行動が行われている）場合を、**一部実行共同正犯**といいます。共同正犯の規定があるがゆえに、ＸとＹは部分的な一部の行為しか担当していなくても、全体としてみると強盗罪を実行したものとみられ、２人は強盗罪として全部の責任を負うことになります。これを**一部実行全部責任**といいます。

では、ＸとＹとＺが銀行強盗を計画し、Ｘは大金庫の解錠方法や逃走経

第4講 未遂・共犯 33

路など計画の重要部分の準備をし、事前の計画に従ってYが現場に行って
行員や客を脅して抵抗を排除することを担当し、同じくZが大金庫の鍵を
開けて札束を取り出すことを担当し、Xはその間、現場には行かなかった
が、隠れ家に戻ってきたYとZとともに3人で儲けを山分けした、という
場合はどうでしょうか。Xは強盗の実行行為を分担していませんが、計画の
重要部分の準備をし、盗品の配分を受けているのですから、正犯とすべきと
ころです。

　このように、犯罪を共謀した者の中に実行を分担しなかった者がいる場合
を、**共謀共同正犯**といいます。犯罪の背後にいる黒幕的な人物や、知能犯に
おける頭脳担当者が実行を分担しないことはよくあります。もし犯罪を実行
した（すくなくとも実行を分担した）者だけが正犯だとするならば、背後にい
る重要な人物を正犯として処罰できなくなります。しかし、共同正犯も（広
義の共犯のひとつとして）修正された構成要件の形式である以上、むやみに
その範囲を広げるべきではありません。その本質が正犯であるならば、やは
り実行の分担が必要なのではないでしょうか。

　このように、共謀共同正犯とよばれる事態において、共謀のみに加わった
者までを共同正犯として扱えるかは長らく議論されてきました。現在では共
同正犯にすべきだというのが多数の立場ですが（最大判昭和33・5・28刑集12
巻8号1718頁のいわゆる練馬事件を参照）、その理論構成は様々です。

Exercise

1．未遂犯にはどのようなものがありますか。

2．教唆犯とは何ですか。

3．幇助犯とは何ですか。

4．共同正犯とは何ですか。

34   §1   犯罪とは何か

5．共謀共同正犯とは何ですか。また、なぜ問題になるのでしょうか。

Further Study

　未遂と共犯は、いずれも修正された構成要件の問題です。基本的構成要件が「原則」だとするならば、修正された構成要件は「例外」をいかに扱うべきかについての基準を検討するものだといえます。とはいうものの、未遂や共犯という理論的には例外的な事態も、現実にはまったく珍しいものではなく、ありふれた現象です。刑法を含め、法律科目を学習していくと、たくさんの例外に遭遇し、原則よりも例外ばかりで戸惑ってしまうかもしれません。そういうときは、何が原則かを確認してから取り組むことが肝要です。未遂は既遂に対する修正であり、共犯は単独犯の修正です。この関係を忘れないようにしてください。

　ここでは対立する学説を細かく示すことはしていません。しかし、同じ帰結でも理由づけが異なる立場が対立するという場面を、法解釈学ではよく目にします。この違いには、大きな背景があります。刑法にどんな役割を期待するか、また、何をもって、どのような状況が、人の暮らす社会の安全だというかは、論者によって異なります。価値観の違いということもできそうですが、ここでいう価値観とは、個人・社会・国家の関係をどのようにとらえるか、あるいは、法制度と人の関わりをどのように理解するか、などといった、非常に大きなスケールの中での違いです。個人の自由をできるだけ保障し、刑罰権の発動をできるだけ制限することを望む人もいるでしょう。逆に、個人の好みや選択よりも、全体として統一的な行動基準を定めることのほうが大切だ、という人もいることでしょう。考え方の根本的に違う人たちの間で、どのような意見調整をすべきなのでしょうか。法を学ぶときは、そこに思いを致してほしいと思います。

　刑法解釈学は、理論整合性を求める結果、学説の対立が激しくなります。しかし、刑法は犯罪の限界を定める法律です。あらかじめ、どんな行為が犯罪なのか、どこまでが犯罪なのかを明らかにするためには、その対立は真剣

第 4 講　未遂・共犯　　35

なものでなければなりません。犯罪の成否を分ける一線を引く作業が刑法解釈学では行われています。テキトーにデタラメに線を引かれて安心できるでしょうか。なぜそこに線を引くのでしょうか。ちゃんとした理由が示されないと納得はできません。少しでも多くの人を説得するためにも、その理由は雰囲気や感情に左右されるものであってはならないのです。

　日常の中で発生している事態について、その処理をきっちりと理論化して、安定的な解決方法を用意するのは大切なことです。もっとも、感覚的に「なんとなく」で基準が作られるのでは、大きな不安を感じますから、ちゃんと説明できるようにしてほしいと思うはずです。その「ちゃんと」説明をしようとする努力を絶やしてはなりません。言ってみれば、みんなにとって当たり前のところに「犯罪になる／ならない」の線を引くことが求められますが、当たり前のことを説明しようとすると難しいのです。法解釈学、とくに刑法解釈学は、そんなことにチャレンジし続けているのです。

§2 犯罪の具体的な内容

矢田 陽一

第1講 刑法各論という学問・殺人罪
第2講 窃盗罪
第3講 住居を侵す罪
第4講 名誉に対する罪

第1講　刑法各論という学問・殺人罪

Lecture

1　刑法各論という学問

　刑法（解釈）学は、大きく分けると、①六法に掲載されている刑法典（明治40年法律第45号、同41年施行）「第一編 総則」に規定されている条文の意味内容を明らかにする**刑法総論**と、②「第二編 罪」に規定されている条文の意味内容を明らかにする**刑法各論**とに区別されます。①では、「わざと」（故意）あるいは「誤って」（過失）犯罪を行った場合、行為当時行為者に善悪の判断能力がなかった場合（責任能力）、犯罪行為を行ったが失敗した場合（未遂）、何人かで協力して犯罪を行った場合（共犯）など、あらゆる犯罪に共通する一般的な成立要件にはどのようなものがあるのかを中心に学ぶことになります。これに対して、②では、殺人罪における「人を殺した」、窃盗罪における「他人の財物を窃取した」、名誉毀損罪における「公然と事実を摘示し、人の名誉を毀損した」など、ひとつひとつの犯罪に固有の個別的な成立要件にはどのようなものがあるのかを中心に学ぶことになります。

　たとえば、「人」を殺害すると199条の**殺人罪**が成立しますが、では、お母さんのお腹の中にいる「胎児」を殺害すると殺人罪になるでしょうか。答えは「No」です。なぜならば、刑法は「人」と「胎児」とを厳格に区別しており、「胎児」を殺害した場合には212条以下の**堕胎罪**が成立すると規定しているからです。それではさらに、お母さんのお腹からまさに生まれ出ようとしている赤ちゃんを医師が殺意を持って殺害した場合、殺人罪が成立するでしょうか、それとも堕胎罪が成立するでしょうか。ここでは、「人」と

40　§2　犯罪の具体的な内容

「胎児」とをどのように区別すべきかが問題となってきます。「かりにまだお母さんのお腹の中にいても、すでに大きく成長していればもはや『胎児』ではなく『人』として扱うべきだ」という人もいるかもしれませんし、「いや、出産が始まったら『人』とすべきだ」あるいは「赤ちゃんがお母さんのお腹から完全に外に出るまでは『胎児』のままだ」と考える人もいるかもしれません。このように、「胎児」と「人」との区別をめぐっては、さまざまな理解が成り立ちうるのです。

2　「胎児」はいつから「人」になるのか？──「人」の始期

　文字どおり、殺人罪は「人」を殺す罪ですが、では「人」の前段階である「胎児」はいつから「人」となるのでしょうか。抽象論では分かりづらいので、具体例を用いて考えてみましょう。たとえば、「医師Ｘが、お母さんＡのお腹から身体の一部が外に出ている状態の赤ちゃんＢを殺意を持ってメスで刺して殺害した。」という場合、「胎児」を殺害したとして「堕胎罪」（厳密には215条の不同意堕胎罪）が成立するのでしょうか、それとも「人」を殺害したとして「殺人罪」が成立するのでしょうか。換言すれば、この問題は、「胎児」はいつから「人」になるのか、すなわち、「人」の始期の問題ということもできます。このように、刑法では「胎児」を殺害した場合と「人」を殺害した場合とで異なる取扱い（当然、刑の重さも異なります）がなされているのですが、条文をみただけではたんに「胎児」や「人」としか記述されておらず、両者を区別する基準は明らかではありません。そこで、この点をめぐって、従来からさまざまな考え、すなわち「学説」が主張されています。たとえば、①母親の体内において今すぐに生まれたとしても十分に生育できる程度にまで大きく成長していれば、仮にまだ母体内にいても「人」として扱うべきとする**独立生存可能性説**、②陣痛（分娩）が始まった段階で「胎児」は「人」となるとする**陣痛（分娩）開始説**、③「胎児」が母体から一部露出した段階で「人」となるとする**一部露出説**、④「胎児」が母体から完全に露出した段階で「人」となるとする**全部露出説**、⑤「胎児」が全部露出後、胎盤呼吸から肺呼吸に切り替わった段階ではじめて「人」となるとする**独立呼吸説**、などがあります。このうち、現在の判例・通説は、③

の立場を採用しているとされています。ここで「判例」とは、実際の裁判において裁判所（とりわけ最高裁判所）が国の公的解釈として採用している見解をいいます。なお、高等裁判所や地方裁判所などの下級審裁判所で採用された見解のことを「判例」と区別して「裁判例」と呼ぶこともあります。また、「通説」とは、多くの刑法学者が支持している見解を指します。すなわち、裁判所（国）や多くの刑法学者は、現在のところ、③説が「胎児」と「人」とを区別する基準としてもっともふさわしいと考えているということです。では、その理由は何でしょうか。しばしば提示されている理由は、「胎児」が「母体」から一部露出することで、行為者は客体に直接侵害を加えることが可能になるからというものです。「胎児」がいまだ「母体内」にいる限りは、行為者は母体を通じて間接的にしか侵害できませんが、ひとたび一部露出すれば直接凶器等で侵害を加えることができるようになる、すなわち、母親から独立したひとつの保護の対象（客体）になる、というわけです。ちなみに、上述した事例において、①説、②説、③説からは殺人罪が、④説、⑤説からは堕胎罪が、それぞれ成立することになります。したがって、客体（被害者）の「人」としての保護という観点からは、①説がもっと手厚くなるのに対して、②説→③説→④説→⑤説の順に手薄になっていきます。これとは反対に、行為者の人権の保障（できるだけ重く処罰されない自由）という観点からは、⑤説がもっとも手厚くなるのに対して、④説→③説→②説→①説の順に手薄になっていきます。このように、「胎児」と「人」との区別をめぐる問題は、究極的には、被害者の法益保護と行為者の人権の保障という矛盾・対立する利益のうちどちらをより重視すべきか、換言すれば、両者をどのように調和させるべきか、という一点に集約されるといっても過言ではありません。あくまで現状では、③説がもっともバランスの取れた考え方だとして多くの支持を集めているのです。

　もっとも、判例・通説の解釈が絶対なわけではありません。条文に両者の区別基準が明記されていない以上、さまざまな解釈が成り立ちえます。実際に、これまで判例・通説だったものが、時代の変化や鋭い批判によって次第に支持を失い、少数説に転落した例も数多く存在します。法律学はある意味「権威」すなわち「誰（裁判所あるいは偉い学者）が主張しているのか」とい

42 §2 犯罪の具体的な内容

うものと結びついていることは確かですが、それは絶対的なものではありません。虚心坦懐に自分にとってどの考えがもっとも納得がゆくか、じっくりと考えてみてください。もちろん、ここに取り上げた学説以外に、自分で新たな見解を主張することもできます。1つの問題にいろいろな考え方が許される、その自由さこそが法律学の面白さでもあるのです。

3　「人」はいつから「人」でなくなるのか？——「人」の終期

「人」の始期とは反対に、「人」の終期の問題もあります。刑法では、「人」は「死亡」によって「人」でなくなるとされています。では、すでに死亡している者を傷つける行為は犯罪となりうるのでしょうか。この点、刑法上すでに死亡している者は「死体」として扱われますが、この「死体」を傷つける行為は「**死体損壊罪**」（190条）で処罰されると規定されています。当然ですが、生きている「人」の命を奪う殺人罪よりも死体損壊罪の方が刑が軽くなっています。ではさらに、いつの段階から「人」は「死体」となるのでしょうか。たとえば、「Xは、人工呼吸器によって心臓は動いているが脳死状態にあるAをピストルで撃ち、心停止させた。」という事例において、Xの行為には殺人罪が成立するのでしょうか、それとも死体損壊罪が成立するのでしょうか。すなわち、「脳死」は刑法上「人の死亡」を意味するのか、ということが問題となります。ここでも、条文上は「人」あるいは「死体」としか規定されておらず、両者の区別基準はよく分からないため、解釈によってその内容を明らかにする必要があります。この点、①脈（心臓）の停止・呼吸の停止・瞳孔反射機能の停止という3つ要素から総合的に判断する**三徴候説**（総合判断説）がこれまで通説的立場でしたが、近時は②脳機能の不可逆的喪失を基準とする**脳死説**もかなり有力化してきています。もっとも、現段階ではいまだこの点について争われた裁判がないので、（裁）判例がどちらの見解を採用しているのかは定かではありません。②説の有力化は、近時の医学の発展に起因するものであり、現実問題として、臓器移植のために脳死患者から臓器を取り出すような場合に、とりわけ大きな問題となってきます。①説によると、Aの心臓はまだ動いている以上いまだ「人」であり、よって殺人罪が成立すると説明されることになります。これに対し

第 I 講　刑法各論という学問・殺人罪　43

て、②説によると、脳死状態にある A はすでに「人」ではなく「死体」に
すぎないので、死体損壊罪が成立する（臓器移植の場合には、死体損壊罪の構
成要件に該当しますが、正当業務行為（35条）として違法性が阻却され、犯罪不
成立となりえます）と説明されることになります。すなわち、どちらの考え
方を採用するかで、成立する罪や刑の重さが大きく違ってくることに注意し
てください。

4　同意殺人罪とはどのような罪か

　刑法典第二編の「第26章　殺人の罪」には、先ほど挙げた通常の殺人罪だ
けでなく、行為者が、自ら死について同意している被害者を殺害する「**同意
殺人罪**」（202条）という罪も規定されています。たとえば、「X は A に対し
て殺害してもよいか訪ねたところ、A がこれに同意したので、毒を飲ませて
殺害した。」という事例が挙げられます。同意殺人罪が成立すると、通常の
殺人罪に比べてかなり軽く処罰されることになります。なぜ刑が軽くなるの
かについては争いがありますが、1 つの立場は、たしかに人の死に積極的に
関与すべきでないので犯罪にはなるものの、被害者が自ら生命という利益を
放棄した以上、そもそも法によって守るべき利益が存在しないからである、
と説明しています。では、もし A が X にダマされるなどして、勘違いして
死ぬことに同意した場合、同意殺人罪が成立するのでしょうか、それとも通
常の殺人罪が成立するのでしょうか。たとえば、「X 男は、A 女に対して別
れ話を持ちかけたが断られ、A 女から心中するよう懇願された。X 男は、本
心では死ぬつもりはなかったにもかかわらず、一緒に死ぬとだまして A 女
の同意を得て殺害した。」という事例が挙げられます。この点、①従来の判
例・通説は、被害者がダマされずに本当のことを知っていたならば同意しな
かったであろうといえる場合、同意は無効となり、殺人罪が成立する、と説
明してきました。すなわち、今回の事例に関して、①説によると、A 女は
「X 男が一緒に死んでくれると思ったから自らの死について同意したので
あって、X 男が一緒に死んでくれなければ死について同意することはなかっ
た」といえますので、A 女の同意は無効であり、X 男には殺人罪が成立する
ことになります。これに対して、②近時の有力説は、A 女は確かにダマされ

てX男が一緒に死んでくれると勘違いしていたが（これを「動機の錯誤」と
いいます＝死ぬ「理由」の部分に勘違いがある場合）、自らが死ぬことそれ自体
に何ら勘違いはしていないので、A女の同意は有効であり、X男には同意殺
人罪が成立するにすぎないと説明します。換言すれば、被害者の同意につい
て、死ぬ理由に勘違いがあれば同意はおよそ無効とするのか（①説）、死ぬ
理由すなわち動機自体は刑法上重要ではなく、あくまで自らの死そのものに
ついて正確に理解していれば同意は有効とするのか（②説）、の違いという
こともできます。見方によっては②説の方がややドライに感じる人もいるか
もしれません。

　本事例は、実際にあった事件を簡略化したものです。元となった最判昭和
33・11・21刑集12巻15号3519頁は、以下のようなものです。すなわち、「被
告人Xは、料理屋の接客婦Aと馴染みになり遊興を重ねるなか、やがて夫
婦の約束までしていた。しかし、遊興のため多額の借財を負い、両親からA
との交際を絶つよう迫られたXは、Aに別れ話を持ちかけたが、同女はこ
れに応じず、心中したいと言い出した。Xはその熱意に動かされてしぶしぶ
心中の相談に乗ったが、その3日後、同女と紀州南端の山中に赴いたときに
は、心中する気持ちは消えていたものの、追死するつもりであるように見せ
かけ、あらかじめ買い求めて用意した青化ソーダの致死量をAに与えたと
ころ、同女はこれを飲みくだし、その場で中毒死した。」というものです。

　最高裁は「本件Aは自己の死そのものにつき誤認はなく、それを認識承
諾していたものであるが故に刑法上有効な承諾あるものというべく、本件X
の所為を殺人罪に問擬した原判決は法律の解釈を誤つた違法があると主張す
るのであるが、本件AはXの欺罔の結果Xの追死を予期して死を決意した
ものであり、その決意は真意に添わない重大な瑕疵ある意思であることが明
らかである。そしてこのようにXに追死の意思がないに拘らずAを欺罔し
Xの追死を誤信させて自殺させたXの所為は通常の殺人罪に該当する」と
判示し、Xに同意殺人罪ではなく、殺人罪の成立を認めました。本事案にお
いて、被告人・弁護人側は、被害者AはたしかにXが追死してくれるもの
と誤信をしてはいるものの、自ら致死量の毒物を服用することは正しく認
識・理解した上でこれを飲み下して中毒死したのであるから、死ぬことその

ものについては何ら勘違いをしていたわけではなく、真摯な同意があったとして、軽い同意殺人罪の成立が認められるにすぎないと主張しました。すなわち、上述した②説を根拠に同意は有効であるとしたわけです。これに対して、最高裁は、AはあくまでXが一緒に死んでくれるものと思って死ぬことに同意したのであって、もしXが追死してくれないことを事前に知っていたならば死ぬことに同意することもなかったといえるので、Aが死ぬことについて決意した心理過程には大きな「キズ」すなわち瑕疵ができてしまっていたとして、本心からした同意であったとはいえない以上、その同意は無効であり、したがって通常の重い殺人罪が成立すると判示したのです。このような判例の言い回しからして、本事案において最高裁が①説を採用したことは明らかです。このように、判例もまた通説と同じく、たんに死について同意していたかどうかだけでなく、その同意へと至るプロセスも重視しているということができます。

　ところで、この問題も、どちらの見解が絶対に正しいというものではなく、その人の価値観や世界観によって大きく左右されるものです。刑法各論という学問は、ひとつひとつの問題を解決するということのなかに、各人のさまざまな思想や哲学が直接反映されるものである点で、人間学といってもよい側面があることに気づかれるかもしれません。大学での学習すなわち学問では、結論ばかりに注目するのではなく、そこへと至る過程や背景こそが大切だということを強く意識しておいてください。

　刑法総論と刑法各論は1つのセットで、どちらが欠けても学問として不完全です。刑法総論で学んだ知識が刑法各論でどのようにして具体的に適用されるのかを意識して勉強すると、さらに学びの幅が広がるでしょう。いずれにせよ、もちろん刑法でも多くの知識を習得することが必要になりますが、それらはごく少数の基本原理・原則（たとえば「人」の始期でみたような、「法益保護」や「人権（自由）保障」など）から派生したものであることを忘れてはなりません。それらを用いて徹底的に考え抜くことが、刑法学をマスターするいちばんの近道だと思ってください。

Exercise

1. 刑法各論とはどのような学問ですか。

2.「人」の始期について、どのような学説がありますか。

3.「人」の始期について、判例・通説はどの見解を支持していますか。

4.「人」の終期について、どのような学説がありますか。

5. 相手がダマされて死ぬことに同意した場合、何罪が成立しますか。学説とその帰結を示してください。

Further Study

　本講のポイントは、そもそも刑法各論とはどのような学問かについて、犯罪の中でもっともポピュラーな殺人罪とその周辺の犯罪とをどのように区別するかを素材にしながら学ぶことでした。刑法各論は刑法総論と一組の学問で、刑法上の問題を正しく解決しようとする場合、どちらの知識も必要となります。刑法総論を先に学んだ人はその知識が具体的な犯罪の成立にどう影響するか、刑法各論を先に学んだ人はその知識が刑法総論の一般的原理・原則とどう関係するのかを念頭におきながら学習を進めていくと、両者の理解がより一層深まるでしょう。

　将来、裁判官・検察官・弁護士を目指す人は法科大学院（ロースクール）または予備試験を経て最終的に司法試験を受験しなければなりませんが、いずれにおいても刑法は必須科目となっています。また、裁判所事務官や家庭裁判所調査官などを目指す人も、試験科目に入ってきます。警察官を目指す人は、直接採用試験には出題されませんが、採用後、昇任試験や職務の執行

に際して刑法の知識が必要となりますので、かならず刑法の勉強をする必要があります。また、法学検定試験や各種の資格試験の受験を考えている人も、刑法の知識は不可欠となります。

　それ以外の、特に将来仕事で刑法と関わることがないと考えている人も、刑法各論を深く学んでみることを強くお勧めします。なぜならば、上述したとおり、刑法という学問では、ひとつひとつの問題を解決するために、ごく少数の基本的な原理・原則を用いて徹底的に考え抜くという訓練を行いますが、その過程で得られた経験は、憲法や民法など、他の法（律）を学ぶ際にも大きく役立つからです。また、刑法学のものの見方は、法の学習に限らず、社会人として未知の問題に直面したとき、どのようなアプローチが適切かという視座を与えてくれるという意味でも、非常に有益だからです。

　刑法は、教科書などを眺めてみると、使う言葉が難解で、抽象論も多く、取っつきにくいという印象をもつ人もいるかもしれませんが、具体例を用いて考えてみると、実はごく単純なことをいっているにすぎないという場合がほとんどです。正しく議論するために言葉が厳密になっているだけで、内容はとてもシンプルであることが分かれば、刑法がより身近に感じられるでしょう。繰り返しになりますが、刑法学で大切なのは知識の量ではなく、ごく少数の基本的な原理・原則を用いて徹底的に考え抜くことです。これから刑法各論を学んでいくうちに、きっとそのことに気づかれると思いますし、そう気づくことさえできれば、刑法は半分マスターしたようなものだといってよいでしょう。

第2講　窃盗罪

Lecture

1　窃盗罪とは

窃盗罪（235条）とは、他人が実際に占有（＝支配）している財物をその意思に反して自己または第三者のもとへと移転させる罪をいいます。窃盗罪の刑罰は、10年以下の拘禁刑または50万円以下の罰金です。なお、現行刑法は窃盗の方法、対象、金額などに特段の制限を設けていません。

窃盗罪は例年、刑法犯の中でもっとも多くを占めています。窃盗には、空き巣等の侵入窃盗、自転車・オートバイ・自動車盗等の乗り物盗、万引き・車上・部品狙い・置引き、自動販売機狙い・すり・ひったくり等の非侵入窃盗など、さまざまな形態があります。もしかすると、みなさんのなかにも、傘や自転車を盗まれたなど、窃盗の被害にあった経験のある人がいるかもしれません（まさか加害者はいないと思いますが）。しかし、面倒だからとか安いから諦めたとかで、警察に被害を届けなかった人も多いでしょう。また、被害者自身盗まれたことに気がついていないケースもあります。そのような、認知件数に現れない実際の犯罪の数を「暗数」といいます。窃盗は認知件数も多いですが、暗数もかなり存在することを忘れてはなりません。また、窃盗は、殺人などと異なり、家族や知り合いの間で行われることはそれほど多くはありません。統計を正しく理解するという意味で、そのことが検挙率の低さにつながっていることもぜひ知っておいてください。

2　窃盗罪の成立要件にはどのようなものがあるか

窃盗罪の成立要件としては、①他人の財物、②窃取行為、③財物の取得

（移転）、④故意、⑤不法領得の意思、の5種類があります（通説）。たとえば、「ある日、XはAの家に許可なく侵入し、タンスの中にあった現金50万円をポケットの中に入れて持ち去り、後日、パチンコ代として費消した。」という事例に関して、XはA所有の現金50万円（＝①）を自らパチンコ代として使用するために（＝⑤）わざと（＝④）Aの意思に反して勝手に持ち去っている（＝②、③）ので、Xの行為には窃盗罪が成立するといえます（なお、犯罪目的で許可なくAの家に侵入している点で住居侵入罪〔130条〕も成立し、両者は牽連犯〔54条〕になります）。その意味内容についてとりわけ争いのある①や⑤については、以下でひとつひとつ説明していきます。

3 「財物」とは何か

　窃盗罪は、他人の「**財物**」を窃取する罪ですが、ではここでいう「財物」とは何を指すのでしょうか。たとえば、「大学生Xは、授業中、ゲームをする目的で学校の許可なく教室のコンセントから自分のスマホを充電した。」という事例に関して、Xに窃盗罪は成立するでしょうか。ここでは、いわゆる物質でない電気のようなエネルギーも「財物」に含まれるか、ということが問題となります。この点に関して、学説上、大きく分けて2つの見解が主張されています。一方が、①**有体物説**といわれる立場で、財産的価値のある有体物に限られるとする見解です。現在、一般的にはこちらが通説と目されています。すなわち、①説は、無体物である電気などのエネルギーは「財物」に含まれないと解します。したがって、①説を前提とすると、上述の事例に関して、Xの行為に窃盗罪は成立しないことになります。もう一方が、②**管理可能性説**といわれる立場で、こちらの見解もかなり有力に主張されています。②説は、有体物だけでなく、熱や電気など、人によって管理可能なエネルギーなども「財物」に含まれると考えます。かつて、大審院（現在の最高裁判所に相当する戦前の最上級裁判所）は、電気も「財物」にあたるとして、電気窃盗の可罰性を認めていました（大判明治36・5・21刑録9輯874頁）。②説を前提とすると、上述の事例に関して、Xに窃盗罪が成立することになります。

　ところで、①説を採用すれば、「財物」は有体物に限定されるので、処罰

50 §2 犯罪の具体的な内容

範囲が明確となり、国民の行動の自由が広く保障されることになりますが、反面、熱・電気・光など、現代社会において重要な利益を刑法で保護できなくなる点で、法益保護の側面が弱くなってしまいます。これに対して、②説を採用すれば、有体物以外の管理可能な利益も広く「財物」として刑法上保護することが可能となりますので、法益保護は手厚くなるものの、上述した電気、熱、光などをはじめとしたエネルギーだけでなく、それ以外の情報、人の労働力や債権など、管理可能なものはすべて「財物」に含まれることにもなりかねず（実際そのように解する立場もあります）、処罰範囲が著しく拡大ないし不明瞭となってしまい、国民の行動の自由がかなり制限されるおそれもあります。この点にかんがみ、②説の内部では、エネルギーなどの物理的に管理可能なものに限るという見解が現在有力になっています（**物理的管理可能性説**）。結局のところ、両者の争いは、刑法の目的・機能として被害者の法益保護と行為者の人権（自由）保障のどちらをより重視すべきか、ということに帰着するといってもよいでしょう。これらの議論を踏まえ、どのように考えるのがもっとも自分にしっくりくるか、深く考えてみてください。

　ちなみに、両者の争いが起こった後、この問題を立法的に解決するために、「この章（刑法典第二編「第36章 窃盗及び強盗の罪」：筆者注）の罪については、電気は、財物とみなす。」という規定が、新たに設けられました（245条）。したがって、現在では少なくとも電気窃盗が窃盗罪として処罰されるという点では（仮に有体物説を採用した場合でも）全く争いがないということも覚えておいてください。これに対して、熱や光などのエネルギーの窃盗は、有体物説を採用する限り、従来どおり窃盗罪で処罰することはできないままです。

4　窃盗罪の保護法益は何か

　先ほども述べたように、法益保護は刑法の重要な機能・目的のひとつです。すなわち、刑法には、生命、身体、自由など、法によって保護すべき価値のある利益を守るという重要な役割があるのです。では、そもそも窃盗罪の保護法益は何でしょうか。抽象的にいえば、それは「財産」であるといえ

ます。しかし、「財産」にもいろいろな種類があります。極端な例として、窃盗犯Aから持ち主Xが自分の盗まれた財物を取り戻すような場合、Xに窃盗罪は成立するのでしょうか。たしかに、AはXの財物を正当に所有する民法上の権限を有しておらず、むしろXに当該財物に対する正当な所有権限がある以上、Xに窃盗罪は成立しえないようにも思えます。しかしながら、考え方によっては、ただAがその財物を持っている（支配している）という「状態そのもの」を保護すべきであり、いくら真の財物の所有者でもそれを侵害すれば窃盗罪が成立するという理解もなり立たなくはありません。この点、窃盗罪の保護法益をめぐる学説は、①**本権説**と②**占有説（所持説）**という2つの立場に大きく分けることができます。なお、現在ではそれらの中間に位置する学説（合理的占有説・平穏占有説）も有力に主張されています。

　①説は、所有権をはじめとして、使用貸借権（無料で物を借りる権利）や賃貸借権（賃料を払って物を借りる権利）など、占有（所持）を基礎づける正当な民法上の権利（これを「本権」といいます）のみが保護法益であると考えます。換言すれば、この「本権」の侵害がなければ窃盗罪は成立しないという立場ということもできます。これに対して、②説は、被侵害者（事例でいうA）に占有を基礎づける民法上の正当な権限すなわち「本権」がなくても、ただその財物を事実上支配するという状態（これを「占有」といいます）があり、その「占有」を侵害しさえすれば窃盗罪が成立しうると考えます。すなわち、所有権など「本権」の侵害は、窃盗罪の成立にとって重要ではなく、この「占有」を侵害しさえすれば窃盗罪として処罰しうる立場ということもできます。この点、最高裁判所は、②説の方を採用しているといわれています。

　先ほどの窃盗犯からの所有者の取り戻し事例で考えてみましょう。たとえば、「Xは、自分が所有している自転車をAに盗まれたが、ある日、Aの庭先に自己の自転車が置かれているのを発見したので、無断で乗って帰った。」という事例に関して、①説からは、Aは窃盗犯であり、占有を基礎づける正当な民法上の権利（本権）に基づいて自転車を占有しているわけではなく、むしろXには自分の自転車について正当な所有権限（本権）があるので、Xに窃盗罪は成立しないことになります。自分の所有物を取り戻しただけです

から、窃盗罪は成立しないという結論に多くの人は親近感を抱くのではないでしょうか。これに対して、②説からは、Ａはたしかに窃盗犯であって、Ｘの自転車の占有を基礎づける民法上の正当な所有権限（本権）を有していないが、自分の家の庭先に自転車を置いており、実際にＸの財産を支配すなわち占有しているので、ＸはＡの「占有」を侵害したとして、窃盗罪が成立しうることになります。この点、自分の所有物を取り戻しただけで窃盗罪として処罰されうるとする②説の帰結はなんとも納得しがたいと考える人もいるかもしれません。そこで、②説は、窃盗犯からの取り戻し事例において結論の妥当性を図るために、少し説明をつけ加えます。すなわち、たしかに、Ｘの行為はＡの「占有」を侵害しているので、窃盗罪の「条文」（これを刑法上「構成要件」と呼ぶことがあります）には該当してしまうが、たとえば、いま自転車を取り返しておかないと二度と自分のところに戻ってこないような一定の緊急状態が認められる場合には、いくつかの厳格な要件を充たすことを前提として、例外的にＸの行為は社会的にみて「悪い」行為と評価できないので、違法性が阻却され、犯罪不成立となる、と説明します（**自救行為**）。なお、自救行為については刑法総論で詳しく学ぶことになります。

　もう１つ具体例をあげましょう。「窃盗団のメンバーであるＸは、ＡがＢから盗んできたダイヤモンドをＡの家から持ち去った。」という、窃盗犯からさらに第三者が窃盗する事例があります。この事例に関して、①説からは、Ａ自身も窃盗犯であり、ダイヤモンドの占有を基礎づける民法上の正当な所有権限（本権）を有しておらず、ＸはＡの「本権」を侵害していない以上、Ｘに窃盗罪は成立しない、と説明されます。Ａとしては、本来自分のものでないものを盗まれたにすぎないので、文句をいえる立場でないという意味では、このような結論も納得のゆくものかもしれません。これに対して、②説からは、たしかにＡは窃盗犯であるが、ダイヤモンドを家で保管していた以上、事実上財物を支配していた（「占有」していた）のであり、ＸはＡの「占有」を侵害したとして、Ｘには窃盗罪が成立する、と説明されます。窃盗犯Ａとしては、そもそも自分が盗んできたものを誰か（Ｘなど）にさらに盗まれた場合でも文句をいえる（保護される）ことになりますので、②説によるこのような帰結は必ずしも説得的とはいえないと感じる人もいるで

しょう。

　ではなぜ、このような、一見するとおかしな結論へと至る②説が（最高裁判所によっても）有力に支持されているのでしょうか。もともと裁判所（大審院の時代）は①説を採用していたが、ある時を境に②説へと改説したとされています。すなわち、それは第二次世界大戦後の混乱期です。戦後すぐのわが国では、多くの場所が空襲等により焼け野原となり、財物についても誰がその所有者（本権者）かを判別することが困難となってしまったのです。そのような状況下では、本当の権利者は誰かということをいちいち明らかにする余裕がなく、とりあえずいまその財物を事実上支配している者（占有者）を保護する必要が生じたというわけです。そうしないと、ある財物を盗んだ者が「本当の所有者（本権者）は実は自分だ」「だからあなたの本権を侵害していない」などと主張することで、窃盗罪の成立を免れることが可能となってしまったり、無用な争いが生じてしまったりするおそれが生じます。そこで、このような不都合を避けるために、最高裁判所は戦後②説を採用するに至ったといわれているのです。

　窃盗罪の保護法益に関しては、このように、究極的な真の所有者（本権者）のみを保護すべきと考えるか、それとも、真の所有者を発見することは実際のところ容易ではないので、とりあえずその財物を事実上支配している者（占有者）であれば保護すべきと考えるか（結論の妥当性は自救行為で調整する）、ということが争われているのです。

5　不法領得の意思とは何か

　窃盗罪が成立するためには、客観的に、他人が事実上支配している財物をその意思に反して自己または第三者の下へと移転させただけでは足りない、と解されています。すなわち、判例および通説は、窃盗罪の成立には、主観面（行為者の意図）として、故意（わざと）のほかに、**「不法領得の意思」**というものが必要である、と考えています。この点、「不法領得の意思」とは、窃盗を行うに際して有していなければならない特別な「意図」をいい、その内容は、①権利者を排除して他人の物を自己の所有物としてふるまう意思（**権利者排除意思**）と、②物の経済的用法にしたがいこれを利用もしくは

処分する意思（**利用処分意思**）をいうとされています。現在の判例・通説は、①・②両方とも必要と解していますが、学説の中には、①・②ともに不要、①のみ必要、②のみ必要、とするものもあります。

　ではなぜ、窃盗罪が成立するためには、このような特別の意図すなわち不法領得の意思が必要と解されているのでしょうか。その理由は、客観的には他人の財物を盗んでいるようにみえるけれども、その実質において窃盗罪として処罰するに値しないような事例が存在するからです。すなわち、窃盗罪は最高で10年の拘禁刑という、比較的重い刑罰が予定されている罪となっています。したがって、このような重い刑罰を科すまでもないような場合は、仮に客観的には他人の財物を盗んでいるようにみえても、窃盗罪で処罰すべきではないと考えられているのです。

　具体例で考えてみましょう。「Xが友達Aの自転車（1万円程度）を無断でほんの10分程度借用してすぐもとの場所へ返した。」という事例に関して、Xは、たしかに客観的にみると、Aの「自転車」という財物をその意思に反して自己の下へと移転させているので、窃盗罪が成立するようにも思われます。しかしながら、通常の窃盗の場合と違って、XはAの自転車を完全に自分のものにしようと考えていたわけではありませんし、1万円程度の自転車という財産的価値がそこまで高くないものをごく短時間のみ使用したという点でも、最高刑が10年の拘禁刑にまで達する窃盗罪で処罰するのは、あまりにも酷といえるでしょう。そこで、このような場合、Xは所有者Aを排除してその自転車を完全に自己のものとしてふるまう特別な意図がなかったとして、Xを不可罰にするために考案されたのが、さきほどの①です。すなわち、本事例のように、行為者がごくわずかな時間だけ勝手に借りてすぐ持ち主に返すつもりであった場合（これを「**使用窃盗**」といいます）、権利者排除意思必要説からは、窃盗罪の成立が否定されることになります。したがって、①はいわゆる「使用窃盗」を不可罰にするために必要となる特別の意図である、と理解しておいてください。

　これに対して、「Xは、日頃から恨みを抱いていたAに嫌がらせをするつもりで、A所有の高価な壺をA宅から持ち出し、自宅に持ち帰った直後にハンマーで叩き壊した。」という事例があったとしましょう。この場合も、

客観的にみると、XはAの財物をその意思に反して自己の下へと移転させていますので、窃盗罪が成立するようにも思われます。しかしながら、そもそもなぜ窃盗罪が最高刑10年の拘禁刑という重い刑罰で処罰されるのかというと、以下のような理由があるからだと考えられています。すなわち、窃盗の場合、一般的には盗んだものを自分で使ったり、売ってお金に換えたり、誰かに貸してお金を得たりと、何らかの経済的な利益を得るために行われることが多いです。言い換えると、多くの窃盗犯人は、財物を盗むことで経済的な利益が得られるため、その誘惑に負けて盗んでしまうのです。そこで、窃盗罪は、このような誘惑にかられて盗みを働かないように、最高刑で10年の拘禁刑という重い刑罰を設けて、これを防止しようとしているのです。このことは裏を返せば、そのような経済的な利益を得るためではなく、それ以外の目的、たとえば、嫌がらせのため壊したりする意図で財物を持ち去るようなケースは、窃盗罪が予定する典型的な事例ではなく、むしろ、実質的に財物を傷つける犯罪すなわち器物損壊罪（261条）という、より刑罰の軽い犯罪で処罰すれば足りることになります。そこで、経済的用法にしたがいこれを利用もしくは処分する意思がない場合を窃盗罪で処罰しないために考案されたのが、②です。すなわち、②は窃盗罪と毀棄罪（器物損壊罪など）とを区別するために必要となる特別の意図である、ということができます。したがって、本事例に関して利用処分意思必要説を採用する場合、Xに窃盗罪は成立せず、軽い器物損壊罪が成立するにすぎないことになります。

　不法領得の意思は、条文上に明記された要件ではありません。しかしながら、使用窃盗や毀棄罪との区別のために、解釈によって一般的に認められているのです。したがって、不法領得の意思など必要ないという考えも理論的に十分なり立ちます。判例・通説は、権利者排除意思および利用処分意思の両方が必要であると解していますが、近時は、どちらか一方のみ、あるいは両方不要とする説もかなり有力化してきています。どの見解が窃盗罪の成立・不成立あるいは他の犯罪との区別のためにもっとも適切か、自分の直感を頼りにとことん考えてみてください。

56 §2 犯罪の具体的な内容

Exercise

１．「財物」をめぐって、どのような学説が対立していますか。

２．窃盗罪の保護法益をめぐって、どのような学説が対立していますか。

３．不法領得の意思とはどのようなものですか。

４．「Xは友達Aの自転車（１万円程度）を無断でほんの10分程度借用して
   すぐもとの場所に返した。」という事例に関して、権利者排除意思必要
   説を採用した場合、どのような結論になりますか。理由も含めて示して
   ください。

５．「Xは、日頃から恨みを抱いていたAに嫌がらせをするつもりで、A所
   有の高価な壺をA宅から持ち出し、自宅に持ち帰った直後にハンマー
   で叩き壊した。」という事例に関して、利用処分意思必要説を採用した
   場合、何罪が成立しますか。結論と理由を示してください。

Further Study

　本講のポイントは、窃盗罪の要件（「財物」の意義、保護法益は何か、「不法
領得の意思」とはどのようなものか）について基本的な知識を学ぶことでし
た。例年、窃盗罪は交通事故などを除く刑法犯の認知件数の約７割程度を占
めるほど数多く発生している犯罪ですので、実際の裁判でその成否が争われ
ることも多く、さまざまな判例が存在しています。したがって、窃盗罪を勉
強するにあたっては、具体的な判例を素材にして理解を深めていくのが効率
的でしょう。

　ここまで２回の刑法各論という学問を体験してみて、いかがだったでしょ

第 2 講　窃盗罪　　57

うか。なかには、面白いと感じた人、あるいは難しいと感じた人など、さまざまかと思いますが、いずれにせよ、これからは各自でさらに勉強を進めていくことになります。その際、特に参考となる教科書あるいは参考書などをいくつかあげておきますので、自分に合ったものを選んで読んでみてください。

　まず、教科書として、比較的読みやすく、初学者にとって有益なのが、大塚裕史＝十河太朗＝塩谷毅＝豊田兼彦『基本刑法Ⅱ各論〔第4版〕』（2024、日本評論社）です。かなり分厚いですが、そのぶん事例や判例の掲載も多く、説明が非常に丁寧に書かれていますので、とりわけ実際の判例の動向を知る上でおすすめの1冊です。本書は現在、司法試験用の教科書として、法科大学院（ロースクール）などでも広く利用されています。それ以外に、一般的に刑法各論の教科書で定評のあるものとして、西田典之（橋爪隆補訂）『刑法各論〔第7版〕』（2018、弘文堂）、大谷實『刑法講義各論〔新版第5版〕』（2019、成文堂）、前田雅英『刑法各論講義〔第7版〕』（2020、東京大学出版会）、高橋則夫『刑法各論〔第4版〕』（2022、成文堂）、井田良『講義刑法学・各論〔第3版〕』（2023、有斐閣）、山口厚『刑法各論〔第3版〕』（2024、有斐閣）、などがあります。これらはかなり高度な内容を含んでいますので、独学で学ぶのはなかなか難しいですが、刑法各論をより深く学んでみたい人はぜひ一度チャレンジしてみてください。

　次に、判例集として、特に初学者にお勧めなのが、十河太朗＝豊田兼彦＝松尾誠紀＝森永真綱『刑法各論判例50！』（2017、有斐閣）です。掲載されている判例の数こそ多くないですが、そのぶんひとつひとつが詳しく紹介されています。また、井田良＝城下裕二編『刑法各論判例インデックス〔第2版〕』（2023、商事法務）は、判例ごとにイラストも載っており、親しみやすい内容となっています。それ以外にも、山口厚＝佐伯仁志編『刑法判例百選Ⅱ各論〔第8版〕』（2020、有斐閣）、前田雅英＝星周一郎『最新重要判例250刑法〔第13版〕』（2023、弘文堂）、などがあります。

第3講　住居を侵す罪

Lecture

1　住居侵入罪とは

　住居侵入罪（以下では、特に断らない限り、邸宅侵入罪、建造物侵入罪、艦船侵入罪もまとめて「住居侵入罪」と表記します）とは、正当な理由なしに他人の住居等に許可なく立ち入る罪をいいます。刑法130条には、大きく分けて、相手の許可なく住居等に立ち入る、いわゆる「住居侵入罪」と、住居等から立ち去ることを命じられたのに立ち去らない、いわゆる「不退去罪」の2種類が規定されています。以下では、このうち実際に裁判で争われることの多い「住居侵入罪」を中心に説明します。住居侵入罪の刑罰は、3年以下の拘禁刑または10万円以下の罰金です。

　住居侵入罪は、しばしば窃盗を行うための手段として犯されることがあります。したがって、一般的に、窃盗罪の件数が増加すると住居侵入罪の件数も増加する傾向にあります。みなさんのなかに、誰かの家に勝手に立ち入ったことのある人はおそらくいないと思いますが、もしかしたら家にどろぼうが入って部屋を荒らされたことのある人はいるかもしれません。あるいは、ひょっとすると家に帰る途中、近道するために許可なく他人の家の敷地内に立ち入ってしまった経験のある人はいるかもしれません。そのような場合も住居侵入罪は成立しえますので、必ずしも被害者になるばかりでなく、自分でも知らず知らずのうちに加害者になってしまうこともある犯罪のひとつです。このように、住居侵入罪は被害者としてだけでなく加害者としても関係してくる可能性のある犯罪ですから、本罪について正しい知識を身につけ、間違っても加害者になってしまわないよう、常日頃から意識しておく必要が

あります。

2 住居侵入罪の保護法益は何か

　住居侵入罪の規定は、そもそもどのような法益を守るために設けられたのかについて、かねてより学説の対立があります。

　戦前の古い判例は①**旧住居権説**を採用していました。①説は、「**家父長の住居権**」を保護法益と理解します。戦前のわが国は、男性の家長に家族全体の絶対的な統率権限を与える「家父長制」を採用していました。「家父長制」とは、簡単にいえば、「お父さん」つまり「夫」の役割にある者を家の大黒柱とみて、その者に家や家族に関する重要事項の決定権限を集中的に与える制度です。すなわち、戦前は「夫」だけが家や家族の事柄に関する管理・支配権を有していて、それ以外の妻、祖父母や子等にはその権限がほとんどなかったのです。旧住居権説は、この家父長制を前提として、「夫が誰を家に立ち入らせるかの自由」を保護法益と解したわけです。したがって、たとえば、妻が夫の許可なく浮気相手を家に立ち入らせる場合、家父長である夫の住居権を侵害したとして住居侵入罪の成立を認める反面、夫が妻の許可なく浮気相手を家に立ち入らせても夫の住居権を侵害しないとして住居侵入罪の成立を認めないとする点に、この見解の特徴があります。しかしながら、この見解に対しては、戦後日本国憲法が制定・公布され、男女の本質的平等（憲法14条・24条）が高らかに宣言されるに伴い、家父長制自体が男女平等の原則に大きく反すると批判され、現在この見解を主張する者はいなくなっています。

　その後、旧住居権説に代わって②**平穏説**が有力に主張されるようになりました。②説は、「事実上の住居の平穏」を保護法益と理解します。すなわち、この見解は、住居のような私的空間が安全で平穏であることを保護しようとするものであり、平穏を害する態様での立ち入り、たとえば、凶器を持って大声を出して立ち入るとか、窃盗目的で人目のつかない裏口の窓からこっそり立ち入るとか、居住権者にとって不安を感じさせるような方法で立ち入った場合に、住居侵入罪の成立を認めるのです。②説は、上述の事例のように、妻が夫の許可なく浮気相手を家に立ち入らせたとしても、それが平

60   §2   犯罪の具体的な内容

穏を害する態様での立ち入りでなければ（たとえば、浮気相手が玄関から堂々
と立ち入る場合など）、住居侵入罪は成立しないとする点で、旧住居権説と大
きく異なります（ただし、この見解の内部では成立すると考える立場もありま
す）。この見解に対しては、何をもって「事実上の住居の平穏」というのか
基準が不明確であり、処罰範囲が著しくあいまいになるおそれがあるとの批
判がなされています。

　このような平穏説の問題点を踏まえ、近時多くの支持者を集めているの
が、③**新住居権説**です。この見解は、「住居等に対する事実上の支配・管理
権」すなわち「誰を住居等に立ち入らせるかの自由」を保護法益と理解しま
す。この見解は、家父長に特別の住居権を認めない点で、旧住居権説から大
きく区別されます。換言すれば、夫だけでなく妻やそれ以外の家族等の居住
者にも住居の支配・管理権を認める見解ということができます。現在の判
例・通説は、この新住居権説を支持しているといわれています。この見解を
前提とすると、妻が夫の許可なしに浮気相手を家に立ち入らせる場合、誰を
管理権者とみるかで結論が異なってくることになります（以下の**7**参照）。

3   130条の客体にはどのようなものがあるか

　どこに侵入すると住居侵入罪が成立するかという問題があります。130条
には①「住居」、②「邸宅」、③「建造物」および④「艦船」の4種類の客体
が規定されています。この点、①「住居」とは一般に、人が起臥寝食に利
用する施設をいいます。「起臥寝食に利用する施設」とは、寝起きに使った
り、食事に使ったりと、日常生活に供する場所を指します。②「邸宅」と
は、空き家や閉鎖中の別荘など、居住用の建造物で現在居住のために使用さ
れていない場所をいいます。簡単にいうと、住居のうち、現在何らかの理由
で使用されていない施設を指します。③「建造物」とは、学校、事務所や工
場など、「住居」や「邸宅」以外の住居に用いない施設一般をいいます。④
「艦船」とは、軍艦および船舶をいいます。

4 建造物を取り囲んでいる垣根・塀や門などの中に立ち入っただけでも住居侵入罪となりうるか

　行為者が、建物自体には立ち入らなくても、それを取り囲んでいる垣根・塀や門等のなかに立ち入っただけで住居侵入罪が成立するかという問題があります。

　この点、垣根、塀や門などで囲まれている敷地のことを「**囲繞地**」といいますが、判例・通説は、垣根、塀や門などは公共空間と私的空間とを画する機能があるとして、それらのなか、すなわち囲繞地は居住者等の管理権の範囲内といえるので、住居侵入罪が成立すると解しています。

　ここで、実際に裁判になった事案をひとつ紹介しましょう。

　最決平成21・7・13刑集63巻6号590頁は、「被告人Ｘは、交通違反等の取締りに当たる捜査車両の車種やナンバーを把握するため、大阪府八尾警察署東側の高さ2.4m、幅22cmの塀の上によじ上り、塀の上部に立って、外部からの立ち入りが制限されている同警察署の中庭を見ていたところ、現行犯で逮捕された。」という事案です。

　本事案は、警察署の敷地に関係する場所に立ち入った事案ですので、厳密には住居侵入罪ではなく建造物侵入罪の成否が問題となります。本事案では特に、管理権者の許可なく囲繞地のなかに立ち入ったというのではなく、塀の上によじ上り、その塀の上に立った、すなわち、囲繞地を囲むその囲いの上に上っただけでも、建造物侵入罪が成立するかということが問題となりました。このように裁判では、問題となるケースをどう扱うべきか条文をみただけでは明らかでない部分をめぐって争いになることが多いと思ってください。

　本事案に関して、最高裁は次にように判示しています。すなわち、「本件塀は、本件庁舎建物とその敷地を他から明確に画するとともに、外部からの干渉を排除する作用を果たしており、正に本件庁舎建物の利用のために供されている工作物であって、刑法130条にいう『建造物』の一部を構成するものとして、建造物侵入罪の客体に当たると解するのが相当であり、外部から見ることのできない敷地に駐車された捜査車両を確認する目的で本件塀の上部に上がった行為について、建造物侵入罪の成立を認めた原判断は正当であ

る。」と述べ、囲繞地自体に立ち入らなくても、建物を取り囲む塀の上に
上っただけで建造物侵入罪が成立することを認めました。

　最高裁は、警察署を取り囲む塀は他の公共空間から明確に区別するために
設けられた営造物であって、そのなかに入れば他の場所から干渉されること
はなくなるという点で、その場所の管理権者の支配下にあるとみて、塀自体
も建造物の一部であるといえるので、そこへの立ち入りには建造物侵入罪が
成立すると判示しました。これまでの解釈では、囲繞地に許可なく立ち入れ
ば建造物侵入罪が成立するという点はほぼ争いなく認められていましたが、
本判例はその囲繞地を囲む設置物それ自体も「建造物」の一部に含まれると
して、囲繞地の範囲を若干広げて解釈した点に大きな特徴があります。

5　「侵入」とはどのような行為を意味するのか

　住居侵入罪にいう「侵入」とはいかなる意味かについて、その保護法益論
との関係で議論があります。たとえば、「Ｘは、集団的自衛権反対のビラ貼
り目的で、郵便局Ａに普通の客と同じように正面玄関から堂々と立ち入っ
た。」という事例に関して、建造物侵入罪が成立するでしょうか。すなわ
ち、通常、郵便局は郵便や貯金、保険などの業務を行う場所ですから、集団
的自衛権反対のビラ貼り目的での立ち入りは業務に関係ないばかりか、場合
によってはそれらを妨害してしまうおそれもあるため、郵便局の管理権者の
意思に反する立ち入りであるといえます。もっとも、郵便局の玄関から一般
の客と同様の態様で立ち入るかぎり、郵便局の事実上の平穏を害する態様で
の立ち入りではないともいえます。

　この点、本事例に関して、①有力説である平穏説をベースとする見解は、
「事実上の平穏を害する態様での立ち入り」を「侵入」と解しますので、通
常の客と同様に、すなわち、事実上の平穏を害しない態様で正面玄関から
堂々と立ち入ったにすぎないとして、「侵入」にはあたらず、建造物侵入罪
は成立しないと説明します。これに対して、②新住居権説をベースとする見
解は、「管理権者の意思に反する立ち入り」を「侵入」と解しますので、ビ
ラ貼り目的での立ち入りは郵便局の管理権者の意思に反するとして、「侵入」
にあたり、建造物侵入罪が成立すると説明します。

第3講　住居を侵す罪　63

　本事例と同様に、「侵入」の意義をめぐって争われた事件があります。**大槌郵便局事件**（最判昭和58・4・8刑集37巻3号215頁）という有名な裁判で、被告人ＸとＹは、所属する労働組合の行っていた春闘の一環として大槌郵便局にビラ約1000枚を貼付するため、他の6名とともに同郵便局に赴き、無施錠の通用門を通り、宿直員に声をかけてその黙認を得た後、土足のまま局舎内に立ち入ったという事案です。なお、同郵便局の管理権者であるＡは、本件立ち入りならびにビラ貼りを事前に許諾・了承していませんでした。すなわち、郵便局の管理権者の意思には反している一方で、郵便局の事実上の平穏を害しない態様で立ち入った場合に建造物侵入罪は成立するかという形で、問題となりました。

　この点、最高裁は「刑法130条前段にいう『侵入シ』とは、他人の看守する建造物等に管理権者の意思に反して立ち入ることをいうと解すべきであるから、管理権者が予め立入り拒否の意思を積極的に明示していない場合であつても、該建造物の性質、使用目的、管理状況、管理権者の態度、立入りの目的などからみて、現に行われた立入り行為を管理権者が容認していないと合理的に判断されるときは、他に犯罪の成立を阻却すべき事情が認められない以上、同条の罪の成立を免れないというべきである。」とした上で、本件被告人らの立ち入りは管理権者Ａの意思に反するものであったと判示して、建造物侵入罪の成立を認めました。

　最高裁は、新住居権説をベースとして、130条の「侵入」を「管理権者の意思に反する立ち入り」と解釈した点で、先ほどの②説を採用していることは明らかです。また、管理権者がはっきりと立ち入り禁止を口頭や文書などで示していなくても、その建物がどのような目的で使用されているのかや行為者の立ち入りの目的などのさまざまな状況から判断して、通常そのような立ち入りを許可しないだろうといえる場合には、管理権者の意思に反する立ち入りといえるとして、建造物侵入罪の成立を認めています。たとえば、先ほど述べたように、郵便局は本来郵便や貯金・保険などを業務とする施設で、労働関係のビラを貼ったり配ったりする場所ではありません。したがって、郵便局の管理権者としては、事前にビラ貼り禁止を口頭で告げたり、文書で玄関に張り紙をしていなかったりしても、通常、そのような目的での立

ち入りはしてほしくないと考えていたと推認できますので、本件では管理権者の意思に反する立ち入りがあったとして、建造物侵入罪を認めたわけです。

このように、保護法益論を平穏説ベースで考えるか新住居権説ベースで考えるかで「侵入」の解釈が異なり、また、それによって具体的な事例における犯罪の成否も変わってくる点に注意してください。

6 一般に公開されている場所に違法目的で立ち入った場合、建造物侵入罪となるか

銀行やスーパーなど、一般に誰でも立ち入ることが許されている場所に盗撮や万引きなどの違法な目的を持って立ち入った場合、建造物侵入罪は成立するかという問題もあります。この問題の背景には、一般に公開されている建造物については、通常、管理権者が誰でも立ち入ってよいと包括的に許可しているといえるので、いくら行為者が違法な目的を有していたとしても、その立ち入りも含めてまとめて許可していたとして、建造物侵入罪は成立しないのではないか、という考えがあります。たとえば、「Ｘは、銀行の現金自動預払機（ATM）を利用する客のカード情報を盗撮する目的で、行員が常駐しない営業中のＡ銀行に立ち入った。」という事例に関して、Ｘに建造物侵入罪は成立するかという形で、実際裁判になったことがあります（最決平成19・7・2刑集61巻5号379頁）。

この点、先ほど述べたように、管理権者の包括的同意の範囲内にあるので、仮に行為者が違法な目的を有していたとしても、管理権者はそれも含めてまとめて立ち入りを許可しているとして、建造物侵入罪は成立しないとする見解もあります。しかしながら判例は、管理権者が違法な目的を事前に知っていたならば立ち入りを許可しなかったであろうといえる場合には、その立ち入りは管理権者の包括的同意の範囲外にあるので、建造物侵入罪は成立すると解しています。

公共的営造物に関して、行為者が違法な目的を持っていた場合、その立ち入りを含めて管理権者は包括的に同意しているといえるのか、それとも管理権者は行為者の意図を知ってさえいればその立ち入りを拒んだはずであるか

ら包括的同意の範囲を越えているとみるかで、結論が正反対になることを理解しておきましょう。

7 新住居権説を前提とした場合、誰の同意があれば犯罪の成立が否定されるのか

上述したように、現在の判例・通説は新住居権説を支持していますが、この見解によれば、家父長である夫以外の妻、祖父母や子等の居住者にも住居の管理権が認められうることになります。では、これらの者のうち、実際に誰の許可があれば住居侵入罪の成立が否定されるのかということが次に問題となってきます。たとえば、「Ｘ男は、Ａ男の妻Ｂ女と浮気をする目的で、Ａ男名義の住居に、Ａ男がいない間にＢ女の許可を得て立ち入った。」という事例のような、複数人の管理権者が存在する場合で考えてみましょう。

この点、一方で、①居住権者の１人の同意さえあれば、仮に他の者の許可なく立ち入ったとしても住居侵入罪は成立しないという、**一人承認説**が主張されています。この見解によれば、本事例ではＢ女がＸ男の立ち入りを許可していますので、仮にＡ男の許可がなくても住居侵入罪は成立しないことになります。他方で、②複数の居住者がいる場合、共同生活の利益を有する居住者全員の同意が必要であり、仮に誰か１人の同意があっても、他の者が許可しないかぎり、住居侵入罪は成立するという、**全員承認説**も有力に主張されています。なお、この見解の内部でさらに、②(1)不在者も含めた管理権者全員の同意が必要であるとする見解（**管理者全員承認説**）からは、不在であるＡ男の同意なく立ち入ったとして、住居侵入罪が成立することになるのに対して、②(2)現在者全員の同意さえあれば足りるとする見解（**現在者全員承認説**）からは、住居における現在者がＢ女だけであった本事例では、その同意はあったとして、住居侵入罪は成立しないことになります。

このように、新住居権説を採用する場合、具体的にそのなかの誰を実際の管理権者とみるかによって住居侵入罪の成否が大きく左右されるという点をしっかりと理解しておく必要があります。

住居のプライバシー権は、刑法を越えて、憲法上の保護をも受けうる性質のものです。もっとも、いかなる範囲で保護されるのかについては、上述し

66 §2 犯罪の具体的な内容

たように、学説上見解の対立があります。この問題についても、どの考え方が絶対というのはありませんので、自分の感覚を信じて、相手をどのようにして説得するかということを意識しながら学習を進めていってください。そのような勉強方法が身につきさえすれば、刑法以外の法律科目もさらに理解が深まるはずです。

Exercise

１．住居侵入罪の保護法益をめぐって、どのような見解が対立していますか。

２．建物を囲む垣根、塀や門などのなかに立ち入った場合、住居侵入罪は成立しますか。

３．「侵入」をめぐって、どのような見解が対立していますか。

４．一般に公開されている場所に違法目的で立ち入った場合をめぐって、どのような見解が対立していますか。

５．新住居権説を採用する場合、具体的に誰の同意があれば犯罪の成立が否定されますか。

Further Study

　本講のポイントは、住居侵入罪の保護法益論を中心としつつ、どのような行為が住居侵入罪に該当するのかについて、具体的な事例や判例を通じて学ぶことでした。最初に述べたように、住居侵入罪は誰もが被害者だけでなく加害者にもなりうる点で、身近な犯罪の１つといえますので、万が一にも犯

罪者になってしまわないために、本罪の基本的な知識を身につけておいてください。

　刑法は学説の対立が激しく、どの見解を採用するかで結論が大きく異なってきます。その意味で、法学の中でも特に論理的な思考力が試されます。住居侵入罪でも事情は同様で、各学説を正しく理解するためには、その内容を知るだけでなく、それらを具体的な事例に当てはめてみて、一定の結論を導くという論理操作を繰り返し練習する必要があります。「刑法は難しい」と感じる人も多くいるかとは思いますが、地道に訓練していけば必ずあるときにスッと理解できる日が来ますので、諦めずに勉強を続けていってください。

　住居侵入罪についてさらに詳しく学んでみたいと思った人は、関哲夫『住居侵入罪の研究』（1995、成文堂）、同『続・住居侵入罪の研究』（2001、成文堂）、同『続々・住居侵入罪の研究』（2012、成文堂）に詳細な議論状況が紹介されていますので、一度手に取ってみることをお勧めします。

第4講　名誉に対する罪

Lecture

1　名誉毀損罪とは

　刑法典第二編の「第34章 名誉に対する罪」には、大きく分けて、名誉毀損罪と侮辱罪とが規定されています。このうち、**名誉毀損罪**（230条）とは、不特定または多数人が認識しうる状況において社会的評価を低下させるような事実を摘示する罪をいいます。名誉毀損罪の法定刑は、3年以下の拘禁刑または50万円以下の罰金となっています。これに対して、**侮辱罪**（231条）とは、具体的な事実以外の侮辱的言説によって人の社会的評価を低下させる罪をいいます（判例・通説。以下の**3**参照）。侮辱罪については、昨今ネットを中心とした誹謗・中傷が社会問題化したことをきっかけとして、令和4（2022）年に法改正が行われ、同年7月から法定刑が1年以下の拘禁刑もしくは30万円以下の罰金または拘留もしくは科料と重くなりました（令和4年6月以前は拘留と科料のみでした）。名誉毀損罪と侮辱罪は、被害者のプライバシー保護の観点から、被害者等の告訴がなければ公訴を提起することができない**親告罪**に分類されています。

　名誉毀損罪や侮辱罪は、たんに刑法だけの問題ではなく、憲法とも大きく関係する罪です。すなわち、憲法21条1項は、「集会、結社及び言論、出版その他一切の表現の自由は、これを保障する。」と規定し、表現の自由を人権の一種に数えています。したがって、憲法上どのような表現活動でも、基本的には保障されることになります。というのも、表現の自由は、他者とのコミュニケーションを通じて個人の人格を発展させるという「自己実現の価値」と政治的な議論を通じて民主主義の発展に寄与するという「自己統治の

価値」とを有している点で、非常に重要な人権だと考えられているからで
す。もっとも、だからといって、あらゆる表現活動が「絶対的に」保障され
るわけではありません。すなわち、憲法は他方で、個人の「名誉」という人
格権（13条）も現代の社会生活において不可欠な人権のひとつとして保障し
ていますので（判例・通説）、「名誉」を著しく傷つけるような表現活動は、
人権侵害として法によってかたく禁止されなければなりません。このような
「表現の自由の保障」と「名誉の保護」とをうまく調整するために設けられ
た規定が、刑法における名誉毀損罪や侮辱罪なのです。したがって、これら
の罪を学ぶに際しては、一方の利益のみに偏って考えてはならないのであっ
て、各人の法的なバランス感覚が大いに試されていることをつねに意識して
おく必要があります。

　近時、SNS 等を通じた名誉毀損罪や侮辱罪の数は増加傾向にあるといわ
れています。みなさんのなかにも、もしかしたら SNS 等で友達に対する不
満や悪口を書いたりした経験のある人がいるかもしれません。実際のとこ
ろ、そのような表現活動が知らず知らずのうちにこれらの罪に該当してし
まっている可能性は、絶対にゼロとは言い切れません。すなわち、ネット
ワーク社会が発達し、スマホ１つで誰しもが簡単に自分の考えを大勢の人の
前で発表することができる現代社会においては、いつこれらの罪の加害者に
なってもおかしくないのです（もちろん被害者にもなりえます）。その意味
で、これらの罪について正しく理解しておくことは、どちらの意味でも自分
の身を守ることにつながるでしょう。そこで以下では、これらの罪をめぐる
基本的な知識を身につけてもらうことを目的として、事例を多く取り上げつ
つ、できるかぎりかみ砕いて説明していきたいと思います。

2　「名誉」にはどのような種類があるか

　一口に「名誉」といっても、そのなかにはさまざまな種類があるとされて
います。ここではまず、これからの議論の内容に食い違いが生じないよう、
「名誉」という概念それ自体を明確に定義しておきたいと思います。

　「名誉」は、大きく分けて、３種類あります。

　まず、①**「内部的名誉」**とは、他者による評価とは独立した、絶対的な真

70 §2 犯罪の具体的な内容

実の人格価値をいいます。すなわち、内部的名誉は、「神様（人間を越えた存在）」からみて、その人が有している本当の人格的な価値を意味しますので、他者が何を言おうが絶対に揺らぐことのない不変的なものです。その意味で、他者が内部的名誉を侵害することは不可能ですから、一般的にそもそも刑法上の保護の対象にはなりえないと解されています。つぎに、②「**外部的名誉**」とは、社会がその人に対して与える評価、社会的な評判・名声をいいます。すなわち、外部的名誉は、「他者」からみて、その人が有している一般的な社会的評価を意味しますので、その人に対して他者がいろいろとマイナスイメージになることを言ったり書いたりすると、簡単に揺らいでしまうような、脆いものです。その意味で、他者が外部的名誉を侵害することは可能ですから、刑法上の保護の対象になりうると解されています。さいごに、③「**名誉感情**」とは、その人が自分自身に対して有している主観的な価値意識をいいます。すなわち、名誉感情は、「自分」からみて、「自分とはこのような人だ、このような価値がある人間だ」という自分自身に対する評価ですから、外部的名誉と同様、その人に対して他者がいろいろとマイナスイメージになることを言ったり書いたりすると、容易に影響を受けてしまうものです。その意味で、他者が名誉感情を侵害することは可能といえますから、刑法上の保護の対象になりうると解されています。

　このように、「名誉」のうち、「内部的名誉」は刑法上の保護の対象から除外され、残る「外部的名誉」と「名誉感情」とが、これらの罪によって保護される法益となりうることを覚えておいてください。

3　名誉毀損罪と侮辱罪の保護法益は同じか

　最初に説明したように、刑法典第二編の「第34章 名誉に対する罪」には名誉毀損罪と侮辱罪の2種類が規定されていますが、それらの保護法益はそもそも何かという問題があります。この問題の背景には、名誉毀損罪と侮辱罪とで法定刑にかなりの差がある、ということが大きく関係しています。すなわち、名誉毀損罪の法定刑が3年以下の拘禁刑または50万円以下の罰金であるのに対して、侮辱罪は1年以下の拘禁刑もしくは30万円以下の罰金または拘留もしくは科料である点で、名誉毀損罪の方が侮辱罪よりもかなり重い

刑が定められており、これだけ法定刑に違いがあるということ（上述したように、後者は令和4年6月以前は拘留と科料のみだったのでさらに差がありました）は、両罪の保護法益自体がまったく異なるのではないかとも考えうるからです。この点、名誉毀損罪の保護法益が「外部的名誉」である点については刑法学上特に争いはありませんが、では侮辱罪の保護法益は何であるのかということをめぐっては、今もなお活発な議論が交わされています。

　たとえば、「Ｘは、大勢の前で、幼児Ａ（1歳）に対して何度も『悪魔だ』とか『鬼の子だ』とか言ってはげしく罵った。」という事例で考えてみましょう。この事例のポイントは、今回の被害者が1歳の幼児である点で、そもそも「名誉感情」自体が十分に芽生えていないといえますが、そのような名誉感情を持たない者にも侮辱罪は成立するか、というところにあります。

　この点、①有力説は、両者の法定刑の差異を保護法益の違いにもとめ、名誉毀損罪の保護法益は「外部的名誉」であるのに対し、侮辱罪の保護法益は「名誉感情」であると解します。この見解を前提とすると、先ほどの事例におけるＸは、Ａの名誉感情を侵害していないので、侮辱罪は成立しないことになります。この見解に対しては、侮辱罪の条文が「公然と」と規定しており、ここでいう「公然性」とは「不特定または多数人の認識しうる状況で」という意味であるから、もし侮辱罪が名誉感情のみを保護しているとすると、「公然と」という要件は不要になるはずであると批判されています。というのも、「公然と」すなわち「不特定または多数人の認識しうる状況で」なくても、被害者に対して「特定かつ少数人」つまり行為者と被害者の2人しかいない状況で行為者が侮辱的発言を行いさえすれば、それだけで十分被害者の名誉感情は傷つけられる可能性があるからです。

　そこで、②判例・通説は、侮辱罪も「公然性」が要件になっている以上、その保護法益は名誉毀損罪と同様、「外部的名誉」であると解します。この見解を前提とすると、仮にＡが名誉感情を有していなかったとしても、大勢の人の前で「悪魔だ」とか「鬼の子だ」とか罵ることで、Ａの社会的評価すなわち外部的名誉を侵害するおそれのある言説を行ったとして、Ｘに侮辱罪が成立することになります。この点に関して、有力説からは、上述したように、両者の法定刑の差異を説明できないと批判されていますが、判例・通

説は、名誉毀損罪は、たとえば「だれだれが不倫している」とか「どこどこで賄賂を受け取っている」とかのように、何らかの「具体的な事実」を摘示することで人の「外部的名誉」を侵害するおそれのある行為を処罰するものであるのに対して、侮辱罪は、たとえば「馬鹿野郎」とか「税金泥棒」とか「売国奴」とかのような、「具体的な事実」以外の「抽象的な侮蔑的表現」でこれを侵害するおそれのある行為を処罰するものである点で、その法定刑の差異を説明できると反論しています。

このように、名誉毀損罪と侮辱罪の法定刑の差異を、保護法益の違いで説明する（①説）のか、それとも「具体的な事実」の摘示の有無という侵害行為態様の違いで説明する（②説）のかで、学説上争いがあることを知っておいてください。

4 名誉毀損罪とはどのような犯罪か

上述したように、名誉毀損罪とは、不特定または多数人が認識しうる状況において人の社会的評価を低下させるような事実を摘示する罪をいいます。たとえば、「芸能記者であるＸは、アイドルＡが俳優Ｂと不倫していることを週刊誌に発表した。」という事例に関して、Ｘは、週刊誌という大勢の人の目に触れる媒体で、ＡとＢが不倫をしたという「具体的な事実」を示すことで、ＡとＢの外部的名誉すなわち社会的評価を大きく低下させるおそれのある行為を行ったといえるので、名誉毀損罪に問われる可能性があります。

ここで注意しておいてほしいのは、判例・通説によると、仮にこのような不倫の報道がなされたにもかかわらず、それをみた人が誰も本当であると信じなかったために、実際はＡとＢの社会的評価は一切低下しなかったような場合でも、名誉毀損罪は（既遂として）処罰されるということです。すなわち、名誉毀損罪は実際に人の社会的評価を低下させることまでは必要でなく、その危険性を生じさせる行為が行われさえすれば、（既遂として）重く処罰されると解されています。そして、実際にはその危険性があったかどうかわからなくても、大勢の人の前で「あの人は不倫をしている」というような話をするだけで、有無を言わさずその危険性があったものと「みなされる」

のです。そのような、一定の行為を行うことで、実際に結果発生の危険性が
あったかどうかわからなくても、その危険性があったものと「擬制される」
（＝「みなされる」）犯罪のグループを「**抽象的危険犯**」とよぶことがありま
す。このように、判例・通説によると、名誉毀損罪は「抽象的危険犯」の一
種であると解されています。

5 「公然と」とはどのような意味か

　判例・通説によると、230条にいう「**公然と**」とは、摘示された事実を
「不特定または多数人」が認識しうる状況をいうと解されています。ポイン
トは「不特定または多数人」というところです。したがって、「X は、友人
A に対し、『B 男は C 女と不倫しているらしい』と噂話をした。」という事
例に関して、X は「A」しか知りえない状況すなわち「特定かつ少数人」し
か知りえない状況で、B 男と C 女の社会的評価を低下させるおそれのある
言説を行ったにすぎないので、「公然と」とはいえず、「原則として」名誉毀
損罪は成立しないこととなると解されています。

6 伝播性の理論とは何か

　先ほど 5 のところで、「公然と」事実を摘示することが名誉毀損罪の要件
であると述べましたが、それはあくまで「原則」であって、「例外」がある
のではないかということが議論されています。そして、その例外として使用
されているのが、いわゆる「**伝播性の理論**」というものです。伝播性の理論
とは、仮に摘示の相手が特定かつ少数人であったとしても、その特定少数人
から不特定または多数人へと広がっていく（このことを「伝播」といいます）
可能性がある場合には、公然性が認められるとする理論をいいます。かねて
より判例はこの伝播性の理論を採用しているといわれています。

　具体例で考えてみましょう。「X は、友人 A に対し、A が口外する可能性
を認識しつつ、『これは秘密だけど、B 男は C 女と不倫しているらしい』と
噂話をした。噂好きの A は、秘密にすることを約束したにもかかわらず、
大勢の人にこのことを話した。」という事例に関して、本来 X は A という
「特定かつ少数人」しか認識しえない状況で不倫という B 男と C 女の社会的

評価を低下させるおそれのある言説を行ったにすぎないので「公然と」とはいえないはずです。しかしながら、ここでいう「伝播性の理論」を使用すると、Ａが噂好きであったことから大勢の人にその事実を伝えて広まっていく可能性があったので、このような場合も「公然と」といえるとして、名誉毀損罪の成立が認められることになります。

　伝播性の理論に対しては、口の堅い者に話したにすぎない場合は「公然と」とはいえないので名誉毀損罪とならないのに、たまたま噂好きの者に話してしまった場合には話が広がっていく可能性があるとして「公然と」といえるから名誉毀損罪となるというのでは、犯罪の成否が偶然に左右されるばかりでなく、処罰範囲が過度に拡張するおそれもあると批判されています。

　伝播性の理論自体を認めるか否か、仮に認めるとしてもどの範囲で認めるべきか、いろいろな立場が主張されているので、一度自分の中でゆっくりと考えてみてください。

7　230条の2はどのような規定か

　名誉毀損罪を学ぶに際しては、上述したように、表見の自由（憲法21条）の保障と名誉の保護（憲法13条）との調整を常に意識することが大切です。すなわち、仮に人の名誉を侵害する言説を行ったとしても、たとえば「政治家の汚職や企業の腐敗を暴くために」というような、その言説を行うことが社会一般の利益となる場合には、その表現活動を刑法で禁止することは妥当でないでしょう。そこで、たとえある行為が名誉毀損罪に該当しうるとしても、適切な表現活動の一環としてそれを不処罰にするために、戦後日本国憲法の制定に伴って新たに設けられた規定が、刑法230条の2となります。本条は、仮にある行為が名誉毀損行為に該当したとしても、①**事実の公共性**、②**目的の公益性**、③**事実の真実性の証明**という3つの要件を充たす場合には、名誉毀損罪で処罰しないことを定めたものです。逆に言えば、これらの3つの要件のうち、どれか1つでも充たさない場合には、230条の2によって不処罰にすることはできなくなります。

　具体例で考えてみましょう。「雑誌記者Ｘは、取材の結果Ａが放火犯であるとの情報をつかみ、多くの人に注意喚起のためそのことを知ってもらおう

第4講　名誉に対する罪　75

と思って、週刊誌上に記事を書いた。裁判の結果、実際にＡが放火犯であることが証明された。」という事例に関して、たしかにＸはＡが犯罪者であるという記事を新聞に掲載しているので、公然とＡの名誉を毀損したといえますが、①犯罪は社会的な関心事ですから、一般人が知る価値のある事柄であり（事実の公共性〔本事例は、起訴前の犯罪に関する事実ですから230条の2第2項により事実の公共性は存在するとみなされます〕）、②Ｘは嫌がらせやたんに金銭を得る目的などでなく、あくまで注意喚起という一般人の利益を考えた上での公表であって（目的の公益性）、③実際に裁判の場で真実であったことが証明されていますので（事実の真実性の証明）、Ｘの行為は230条の2の3つの要件を充たしているとして、「処罰されない」ことになります。

　このように、230条の2は、仮にある行為が名誉毀損行為に当たりうるとしても、一定の厳しい要件を充たした場合にかぎり、それが適切な表現行為として許容される場合があることを認めることによって、行為者の表現の自由の保障と被害者の名誉の保護とをうまく調整しているのです。

8　行為者が実際には真実でないのに、真実であると勘違いして、結果的に他者の名誉を毀損する言説を行ってしまった場合、どのような影響があるか

　上述した7のところで、たとえある行為が名誉毀損行為に該当したとしても、①事実の公共性、②目的の公益性、③事実の真実性の証明という3つの厳しい要件をクリアした場合、名誉毀損罪によって処罰されないと説明しました。では、そのうちの1つ、③事実の真実性の証明に関して、仮に行為者が公表した事実が裁判の場で真実であると証明できなかったとしても、行為者としてはその事実が真実であると強く信じていた場合にまで名誉毀損罪の成立を認めるべきでしょうか。行為者が事実の真実性の証明に失敗した場合、つねに名誉毀損罪で処罰すべきか、表現の自由の保障という観点から問題となってきます。

　この点に関しては、学説上さまざまな見解が主張されていて、いまだ統一的な結論が出ているわけではありませんが、判例は、ほとんど調べもせずに、行為者がある事実を真実であると軽率にも信じてしまったような場合に

は悪質性が高いといえるので名誉毀損罪で処罰すべきであるが、これとは対照的に、行為者が入念に情報収集することで、その事実が真実であると勘違いしてしまったことについて確実な資料・根拠に照らし相当な理由があるといえるような場合には犯罪の「故意」が阻却されるとして名誉毀損罪の成立を否定しています（**夕刊和歌山時事事件**〔最大判昭和44・6・25刑集23巻7号975頁〕）。

　このように判例は、裁判の場で事実の真実性の証明に成功した場合は230条の2によって処罰されないとしつつ、さらに、仮に行為者が事実の真実性の証明に失敗したとしても、十分な取材活動を行うなど情報収集を徹底していたような場合は、表現の自由の保障を重くみて、犯罪の「故意」がないという理由で名誉毀損罪の成立を認めていないということは、しっかりと理解しておいてください。

　ネット社会が加速度的に進展するなか、名誉毀損罪や侮辱罪がこれほど身近になった時代もないでしょう。芸能人やスポーツ選手など、著名人に対するネットでの誹謗・中傷は、その人がみずから命を絶つという最悪の結末をたどった後でも、なくなるどころかむしろさらに勢いを増しているようにさえみえます。言った本人にとっては取るに足りない、ほんの数分もすれば忘れてしまうことでも、場合によっては被害者を一生苦しめることにもなりかねません。言葉はときにナイフ以上に鋭利な刃物となることを情報化社会といわれる現代だからこそより強く意識しておくことが求められます。その意味でも、名誉毀損罪や侮辱罪についてきちんと理解しておくことは、「いま」という時を生きるわたしたちにとって、必要不可欠といえるでしょう。

Exercise

1. 「名誉」にはどのような種類がありますか。

2. 名誉毀損罪と侮辱罪の保護法益は同じですか。

第 4 講　名誉に対する罪　77

3．伝播性の理論とはどのようなものですか。

4．230条の2の規定はどのようなものですか。

5．行為者が実際には真実でないのに真実であると勘違いして、結果的に他者の名誉を毀損する言説を行った場合、名誉毀損罪で処罰されますか。

Further Study

　本講のポイントは、名誉毀損罪および侮辱罪の成立要件について、具体的な事例を通じて学ぶことでした。冒頭で触れたように、名誉毀損罪や侮辱罪は、ネット環境が発達した現代社会において、誰もが被害者だけでなく加害者にもなりうる点で、かなり身近な罪の1つといえます。知らずのうちに犯罪者になってしまわないためにも、これらの罪がどのような場合に成立するのかについて、正しい知識を身につけておきましょう。

　以上で、刑法各論の講義は終了となります。合計4回しかありませんので、刑法各論の全体像をすべてお伝えすることはできませんが、刑法各論という科目でどのようなことを学ぶのか、あるいはそもそもどのように勉強したらよいのかについて、この講義を通じて、少なくともエッセンスだけでも体感していただければ、目的は達せられたのではないかと思います。もっといろいろな犯罪について詳しく学んでみたいと思った方は、ぜひより応用的な「刑法総論」と「刑法各論」の勉強にチャレンジしてみてください。

　以下では、さらに刑法各論について勉強してみたいという方のために、これまで学んだものの他にどのような犯罪が刑法典に規定されているのかについて、ごく簡単に紹介しておきます。ぜひ一度、六法の刑法典に目を通してみてください。

① **個人的法益に対する罪**

　【生命及び身体に対する罪】

　　殺人の罪、傷害の罪、過失傷害の罪、堕胎の罪、遺棄の罪

【自由及び私生活の平穏に対する罪】

　逮捕及び監禁の罪、略取・誘拐及び人身売買の罪、性的自由・感情に対する罪、住居を侵す罪、業務に対する罪、秘密を侵す罪

【名誉及び信用に対する罪】

　名誉に対する罪、信用に対する罪

【財産に対する罪】

　窃盗の罪、強盗の罪、詐欺の罪、恐喝の罪、横領の罪、背任の罪、盗品等に関する罪、毀棄及び隠匿の罪

② **社会的法益に対する罪**

【公衆の平穏及び安全に対する罪】

　騒乱の罪、放火及び失火の罪、出水及び水利に関する罪、往来を妨害する罪

【公衆の健康に対する罪】

　飲料水に関する罪、あへん煙に関する罪

【公衆の信用に対する罪】

　通貨偽造の罪、文書偽造の罪、有価証券偽造の罪、支払用カード電磁的記録に関る罪、印章偽造の罪、不正指令電磁的記録に関する罪

【風俗に対する罪】

　わいせつ及び重婚の罪、賭博及び富くじに関する罪、礼拝所及び墳墓に関する罪

③ **国家的法益に対する罪**

【国家の存立に対する罪】

　内乱に関する罪、外患に関する罪、国交に関する罪

【国家の作用に対する罪】

　公務の執行を妨害する罪、逃走の罪、犯人蔵匿及び証拠隠滅の罪、偽証の罪、虚偽告訴の罪、汚職の罪（職権濫用の罪、賄賂の罪）

§3　現代社会と犯罪

岡部　雅人

第1講　企業活動と刑法
第2講　消費者保護と刑法
第3講　インターネットと刑法
第4講　公務員と刑法

第 1 講　企業活動と刑法

Lecture

1　刑法の行為主体

　「XがAを殺した」、「YがBの財布を盗んだ」など、普通、「犯罪」というのは、ある「人」が別の「人」に対して危害を加える形で行われます。そこでは「生身の人間」のしたことが問題となっています。しかし、法律の世界で「人」として振る舞うことができるのは、「生身の人間」ばかりではありません。

　たとえば、「A社とB社が商品の売買契約を結んだ」、「C社の製品の欠陥が原因となってDがケガをしたので、C社がDに対して損害賠償の責任を負った」など、民法の世界では、「生身の人間」だけでなく、「組織である企業」などが、売買契約（民法555条以下）を結んだり、損害賠償（民法709条以下）をしたりする場合があります。つまり、企業も、法律上「人」として振る舞うことができるのです。

　それゆえ、法律の世界では、「生身の人間」のことを**自然人**、企業のように法律上「人」としての地位を認められているもののことを**法人**と呼んで、これらを区別しています。

　では、刑法の世界ではどうでしょうか。企業などの法人も、自然人と同じように、犯罪を犯すことができ、そのことについて刑罰を科されることがあるのでしょうか。次の2つのケースを素材として、いわゆる**法人処罰**の問題について考えてみましょう。

【ケース1】X社は、スキーツアーのバスを運行していたが、十分な運

転技量を有さない同社の運転手Aの運転する大型バスが、峠道で転落事故を起こしてしまい、その結果、Aを含む乗員・乗客40名が死傷した。X社が、このことで刑罰を科されることはあるのだろうか。

【ケース2】Y社は、建物の解体業を行なっていたが、その際に出た廃材を、同社の従業者らをして、深夜、人目のつかない山奥に放置するなどの、いわゆる不法投棄をしていた。Y社が、このことで刑罰を科されることはあるのだろうか。

2　法人の犯罪能力

　犯罪というのは、刑法典に規定されている犯罪行為（刑法77条以下）や、刑罰の種類（刑法9条）をみればわかるように、もともとは自然人の行為のみを想定しています。実際、企業などの法人が、人を殺したり人の物を盗んだり、死刑を科されたり刑務所に入れられたりといったことは、普通は想定できないでしょう。そのため、法人に自然人と同じような犯罪能力があるかどうかをめぐって、これを肯定する立場と否定する立場との間で議論がなされています。

　まず、**否定説**の根拠としては、①法人には行為能力がない、②法人には責任能力がない、③法人には受刑能力がない、④刑罰は法人に対して科すことが予定されていない、といったことがあげられています。つまり、この立場からは、自然人ならば当然に問題となるはずのものが法人にはそもそもないのだから、法人に犯罪能力はない、とされているのです。この立場からは、**【ケース1】**のX社も、**【ケース2】**のY社も、刑事責任を負うことはなく、この場合にもし問題となるとすれば、社長や従業者など、その法人の構成員である自然人の刑事責任についてのみ、ということになります。

　これに対して、**肯定説**の根拠としては、①法人の構成員の行動を法人の活動とみることができる、②特別刑法（このことについては後で詳しく説明します）の領域では、法人それ自体の行為を観念し、法人自体に刑を科すことが

第 1 講　企業活動と刑法　83

合理的な場合もある、③法人も、その内部の組織において、その意思を決定することができる、④法人にも、法人としての意思決定が可能であり、そのことについて社会の側から非難を加えることができる、といったことがあげられています。つまり、この立場からは、自然人ならば当然に問題となるはずのものが法人にもまったく同じようにあるわけではないけれども、それと同じようなものが法人にもあるといえるのだから、法人にも犯罪能力はある、とされているのです。この立場は、今日の通説となっています。この立場からは、【ケース1】のＸ社も、【ケース2】のＹ社も、直接、刑事責任を負う可能性があることになります。では、【ケース1】のＸ社も、【ケース2】のＹ社も、実際、刑事責任を負うことになるのでしょうか。

3　法人処罰規定

　法人の犯罪能力が肯定できたとしても、法人が実際に刑事責任を負うかどうか、すなわち、法人が犯罪の主体となるかどうかについては、その犯罪能力の有無とは別の問題として考える必要があります。なぜなら、先ほど述べたように、刑法典に規定されている犯罪は、自然人の行為のみを想定したものであって、法人の行為を想定していないからです。それゆえ、少なくとも【ケース1】については、刑法211条前段の業務上過失致死傷罪が問題となるものであることから、Ｘ社の刑事責任を問題とすることはできず、その構成員である自然人についてしか、同罪の成否を問題とすることはできません（実際、【ケース1】のモデルとなった事件においては、社長と運行管理者の刑事責任が認められています〔長野地判令和5・6・8裁判所ウェブサイト参照〕）。

　それゆえ、法人を犯罪の主体として処罰の対象とするためには、その根拠となるものが必要となります。それが、**法人処罰規定**です。では、なぜ、法人処罰規定があれば、法人を犯罪の主体として処罰の対象とすることができるのでしょうか。このことについて、順を追ってみていきましょう。

　まず、刑法38条1項本文は、「罪を犯す意思がない行為は、罰しない」と規定しています。この「罪を犯す意思」のことを、犯罪の**故意**といいます。刑法は、故意犯の処罰を原則としており、故意のない行為、つまり、罪を犯す意思なくなされた行為は、原則として、犯罪として処罰することができま

84   §3 現代社会と犯罪

せん。

　また、刑法8条本文は、「この編の規定は、他の法令の罪についても、適用する」と規定しています。ここにいう「この編」というのは、刑法典の「第一編 総則」のことです。そこには、犯罪全般に共通することがまとめて規定されています。たとえば、殺人罪（刑法199条）が「xa」という要素から成り立っていて、窃盗罪（刑法235条）が「xb」という要素から成り立っていて、詐欺罪（刑法246条）が「xc」という要素から成り立っているとしたら、それらの犯罪に共通して存在する要素である「x」について規定しているのが「第一編 総則」の規定です。そうすることによって、「第二編 罪」には、それぞれの犯罪に個別の要素である、「a」「b」「c」についてのみを詳しく規定しておけばよいことになります（この規定のことを「各則」といいます）。

　前述した刑法38条1項も、「第一編 総則」に規定されていますので、故意のない行為は、およそ犯罪として処罰できません。このことは、刑法典の「第二編 罪」に規定されている犯罪はもちろん、たとえば、軽犯罪法、道路交通法の罰則規定（同法115条以下）、会社法の罰則規定（同法960条以下）など、刑法典以外の罰則である、「**特別刑法**」として規定されている犯罪にもあてはまります。

　もっとも、刑法38条1項は、「ただし、法律に特別の規定がある場合は、この限りでない」とも規定しています（このように、条文の「ただし」で始まる部分のことを、「**ただし書**」といいます）。これは、たとえば、過失傷害罪（刑法209条）のような、**過失**による行為を処罰する特別の規定がある場合には、故意がなくても、その行為を処罰することができる、ということです。なお、刑法では、前述したとおり、故意犯の処罰が原則とされており、過失犯の処罰は法律に特別の規定がある場合に限って例外としてのみ認められているわけですから、過失さえもない行為は、処罰の対象とすることができません。このように、犯罪が成立するためには、故意または過失が必要だとする考え方のことを、**責任主義**といい、これは、「法律なければ犯罪なし、法律なければ刑罰なし」とする、**罪刑法定主義**とならぶ、刑法の大原則のひとつとされています。

第 1 講　企業活動と刑法　85

　では、このことを前提として考えた場合、法人は「罪を犯す意思」をもつことができるでしょうか。たとえば、企業については、その取締役会の決定などを企業の意思とみることもできそうです。もっとも、それは、あくまでも取締役会の構成員である自然人の意思であって、企業という法人の意思そのものではありません。そうだとすると、意思をもたない法人は、刑法38条1項本文の要件を充たしようがなく、「第一編　総則」の規定がそのまま適用された場合、法人を処罰することはできないことになりそうです（このことが、法人の犯罪能力否定説の根拠にもなっています）。

　ここで、刑法8条ただし書をみてみましょう。そこには、「ただし、その法令に特別の規定があるときは、この限りでない」とあります。これによって、刑法8条本文が「この編の規定は、他の法令の罪についても、適用する」としていることの例外が認められています。それゆえ、意思をもたない法人を処罰するための特別の規定がある場合には、「罪を犯す意思がない行為は、罰しない」とする刑法38条1項本文の要件を充たしていなくても、法人を処罰することが可能となるのです。

　なお、法人処罰規定の多くは、**両罰規定**といわれる形で規定されています。たとえば、会社法975条は、「法人の代表者又は法人……の代理人、使用人その他の従業者が、その法人……の業務に関し、前二条〔会社法973条（業務停止命令違反の罪）、974条（虚偽届出等の罪）〕の違反行為をしたときは、行為者を罰するほか、その法人……に対しても、各本条の罰金刑を科する」としています。このような、違反行為をした者と、その者の事業主である法人の両方を罰する規定のことを、**両罰規定**といいます。

　もっとも、このような両罰規定は、刑法典の中にはいっさい置かれていません。それゆえ、前述したとおり、刑法211条前段に規定されている業務上過失致死傷罪では、法人を処罰することはできません。よって、【ケース1】のＸ社を直接処罰することは、やはりできないのです。

　これに対して、【ケース2】では、いわゆる不法投棄が問題となっていますが、このような場合については、廃棄物の処理及び清掃に関する法律（廃棄物処理法、廃掃法）が、同法16条で「何人も、みだりに廃棄物を捨ててはならない」と規定し、同法25条1項柱書で「次の各号のいずれかに該当す

86 §3 現代社会と犯罪

る者は、5年以下の拘禁刑若しくは1000万円以下の罰金に処し、又はこれを併科する」として、その14号で「第16条の規定に違反して、廃棄物を捨てた者」としています（なお、「廃棄物」とは、同法2条が「ごみ、粗大ごみ、燃え殻、汚泥、ふん尿、廃油、廃酸、廃アルカリ、動物の死体その他の汚物又は不要物であつて、固形状又は液状のもの（放射性物質及びこれによつて汚染された物を除く。）をいう」としています）。その上で、同法32条1項柱書で「法人の代表者又は法人……の代理人、使用人その他の従業者が、その法人……の業務に関し、次の各号に掲げる規定の違反行為をしたときは、行為者を罰するほか、その法人に対して当該各号に定める罰金刑を……科する」として、その1号で「第25条第1項……第15号……3億円以下の罰金刑」としています。このように、いわゆる不法投棄については、直接の行為者である自然人だけでなく、法人をも処罰する規定がありますので、【ケース2】では、不法投棄をした従業者や、従業者に不法投棄をさせた社長などが処罰されるだけでなく、法人であるY社に対しても、罰金刑という刑罰が直接科されることになります。

　法人処罰規定は、両罰規定という形だけでなく、**三罰規定**という形で規定されていることもあります。たとえば、私的独占の禁止及び公正取引の確保に関する法律（独占禁止法、独禁法）は、同法3条で「事業者は、私的独占又は不当な取引制限をしてはならない」と規定し、同法89条1項柱書で「次の各号のいずれかに該当するものは、5年以下の拘禁刑又は500万円以下の罰金に処する」として、その1号で「第3条の規定に違反して私的独占又は不当な取引制限をした者」としています。その上で、同法95条柱書で「法人の代表者又は法人……の代理人、使用人その他の従業者が、その法人……の業務又は財産に関して、次の各号に掲げる規定の違反行為をしたときは、行為者を罰するほか、その法人……に対しても、当該各号に定める罰金刑を科する」として、その1号で「第89条　5億円以下の罰金刑」としています。そしてさらに、同法95条の2で「第89条第1項第1号……の違反があつた場合においては、その違反の計画を知り、その防止に必要な措置を講ぜず、又はその違反行為を知り、その是正に必要な措置を講じなかつた当該法人……の代表者に対しても、各本条の罰金刑を科する」としています。このよう

な、違反行為をした者と、その者の事業主である法人、そして、法人の代表者の三者を罰する規定のことを、**三罰規定**といいます。

なお、法人処罰規定の形としては、従業者の違反行為について、その業務主である法人のみを処罰する規定である、**代罰規定（転嫁罰規定）**というものもあります。かつては、法人ニ於テ租税及葉煙草専売ニ関シ事犯アリタル場合ニ関スル法律において、そのような形の規定が定められていたこともありましたが、現行法には、このような形の規定は存在しません。

4　法人処罰根拠論

違反行為をした従業者を処罰するのは当然だとしても、両罰規定という形式的な根拠があるとはいえ、その者の事業主である法人まで共に処罰することができるのはなぜなのでしょうか。

このことを説明するために、次のような見解が主張されています。すなわち、(a) 違反行為をした従業者の責任が事業主である法人に転嫁されるからだとする見解（**無過失責任説**）、(b) 従業者の違反行為については事業主である法人に過失があったものとみなされる（擬制される）からだとする見解（**過失擬制説**）、(c) 違反行為をした従業者の選任・監督にあたって事業主である法人に過失があったことが根拠となるとする見解（**純過失説**）、(d) 違反行為をした従業者の選任・監督にあたって事業主である法人に過失があったものと推定されるからだとする見解（**過失推定説**）、などです。

かつての判例は、(a) 無過失責任説をとっていましたが（大判大正5・6・8刑録22輯919頁、大判昭和10・11・25刑集14巻1217頁など）、今日では、(d) **過失推定説**がとられており（最大判昭和32・11・27刑集11巻12号3113頁、最判昭和40・3・26刑集19巻2号83頁など）、通説もまたこの見解に立っています。なお、(d) **過失推定説**によれば、従業者による違反行為があった場合、事業主である法人の過失が「推定」されることになりますので、被告人である法人の側で、その従業者の選任・監督にあたって過失がなかったことを証明することができれば、法人が処罰されることはありません。

88　§3　現代社会と犯罪

Exercise

１．法人は犯罪の主体となることができますか。できないとしたら、それはなぜですか。

２．法人は犯罪の主体となることができますか。できるとしたら、それはなぜですか。

３．法人を処罰するためには、何が必要ですか。それはなぜですか。

４．責任主義とは何ですか。

５．両罰規定とはどのような規定ですか。

Further Study

　本講のポイントは、①自然人だけでなく法人も犯罪の主体となるのか、②法人の犯罪能力を認めることができるのか、③責任主義とは何か、④法人処罰規定として用いられる両罰規定とは何か、について理解することでした。

　本講の内容は抽象的な内容が多く、初学者のみなさんには少々難しかったかもしれません。しかし、「経済刑法」の問題を考える上で、法人の犯罪主体性の問題は、重要なポイントのひとつとなります。また、このことをきちんと理解しておくことは、団体責任を否定し、個人責任だけを問題とする、刑法の基本的な考え方を正しく理解する上でも有用です。

　なお、法人処罰の問題について関心をもったら、松澤伸編『基本学習　企業犯罪と経済刑法』（2023、商事法務）Chapter 2 「企業の刑事責任」をまず読んでみてください。具体例をあげながら、わかりやすくこの問題について解説してくれています。また、高橋則夫『刑法総論〔第5版〕』（2022、成文

堂）第2編第3章第5節「法人の刑事責任」など、「刑法総論」の教科書の「法人の刑事責任」についての項目も熟読してみてください。さらなる高みを目指したいという方は、樋口亮介『法人処罰と刑法理論〔増補新装版〕』（2021、東京大学出版会）をぜひ一度手に取ってみてください。第一線の研究者による本格的な研究書なので、今の時点でこの本を読みこなすことはさすがに難しいかもしれませんが、第1章や補論などをパラパラと眺めてみるだけでも、本講で扱った問題の奥深さを垣間見ることができると思います。アートでも、グルメでも、学問でも、早い段階で「本物」に触れてみることが重要です。

　「経済刑法」は、法律関係の資格試験などで直接出題されるものではないかもしれません。しかし、しっかり学んでおけば、企業などで働くすべての人に役立つ、法的な知識や考え方を身につけることができます。

　また、刑法に限らず、法学は実社会の問題に深く根ざした学問です。小説や映画、新聞やニュースなどをみるときに、「このことを法的に考えたらどうなるんだろう？」ということを常に意識するようにしてみてください。普段からそうしていれば、法学のセンスは確実に磨かれていくはずです。

第 2 講　消費者保護と刑法

Lecture

1　詐欺罪の基本構造

　私たちにとって、もっとも身近な経済犯罪といえば、おそらく**詐欺**ではないでしょうか。インターネットで買物をしたら、注文した物とはまったく違う物が届いた、とか、お金を振り込んだのに肝心の商品が届かなかった、などといった経験をしたことのある人が、もしかしたら、みなさんの中にもいるかもしれませんね。

　詐欺については、民法にも規定があります。民法96条1項をみると、「詐欺又は強迫による意思表示は、取り消すことができる」とあります。それゆえ、民法上は、だまされてしてしまった契約は、取消し、すなわち、最初から無効だったことにできます（民法121条）。民法のことは民法の講義や教科書に譲ることにして、ここでは、犯罪としての**詐欺罪**についてみていくことにしましょう。

　詐欺罪については、まず、刑法246条1項が、「人を欺いて財物を交付させた者は、10年以下の拘禁刑に処する」と規定しています。ここでは、「**財物**」をだまし取る行為が問題とされています。「財物」というと、現金や貴金属などをイメージするかもしれませんが、これは、端的に「形あるもの」（「有体物」〔民法85条参照〕）のことを指しています。このように、「財物」をだまし取る行為は、刑法246条1項に規定されていることから、**1項詐欺**とも呼ばれています。

　また、刑法246条2項は、「前項の方法により、財産上不法の利益を得、又は他人にこれを得させた者も、同項と同様とする」と規定しています。ここ

第2講　消費者保護と刑法　　91

では、「**財産上の利益**」をだまし取る行為が問題とされています。「財産上の利益」を得るというのは、たとえば、有償のサービスを受けたり、借金の返済を免除してもらうなど、「形のない利益」を受けることをいいます。このように、「財産上の利益」をだまし取る行為は、刑法246条2項に規定されていることから、**2項詐欺**とも呼ばれています。

　詐欺罪が成立するためには、①行為者によって人をあざむく行為（**欺罔行為**）がなされ、②それによって相手方が**錯誤**に陥り、③それに基づいて相手方による財産を自ら差し出す行為（**処分〔交付〕行為**）がなされ、④相手方から行為者へと**財産**（「財物」または「財産上の利益」）が**移転**し、⑤それによって相手方に**財産的損害**が生じる、という一連のプロセスが必要となります。①がなされたにもかかわらず、②〜⑤のいずれかが欠けた場合には、詐欺罪は成立せず、その**未遂罪**（刑法250条）が成立することになります。

　以上のことを踏まえて、試しに、次の3つのケースについて、自分の力で考えてみてください。

【ケース1】金に困ったXは、金持ちのAから財産をだまし取ろうとした。Aは、Xのウソを見抜いたが、金に困っているXのことが可哀想になったので、Xにだまされたふりをして、Xに進んで自らの財産を与えた。Xに詐欺罪は成立するだろうか。それはなぜだろうか。

【ケース2】Yは、服屋で、店員Bに、「この服、試着してみてもいいですか？」と言って、試着の許可を得た上で、試着室でその服に着替えた後、Bの隙をついて、その服を着たまま逃走した。Yに詐欺罪は成立するだろうか。それはなぜだろうか。

【ケース3】Zは、ただの栄養剤『オロビタンV』を、新たに開発された新型コロナの特効薬『コロナモイチコロナ』だと偽って、『オロビタンV』の通常の販売価格で、Cにこれを販売した。Zに詐欺罪は成立す

92　§3　現代社会と犯罪

るだろうか。それはなぜだろうか。

　いかがでしょうか。とりあえず、ここでは、考え方のヒントだけ示しておきたいと思います。

　【ケース1】では、②錯誤の有無が問題となります。Aは、Xのウソを見抜き、Xを可哀想に思って、進んで自らの財産を与えています。この場合、Aによる錯誤に基づく処分行為があったといえるでしょうか。

　【ケース2】では、③処分行為の有無が問題となります。たしかに、Yは、Bにウソをついて服を手に入れています。しかし、詐欺罪が成立するためには、単に相手をだます行為があっただけでなく、相手方に処分行為をさせる必要があります。たとえば、「あ、あんなところにUFOが！」と叫んで、店員の気をそらし、その隙に店の商品を持ち出した場合には、詐欺罪ではなく、窃盗罪（刑法235条）が成立することは明らかでしょう。そうだとすると、この場合、Bによる処分行為があったといえるでしょうか。

　【ケース3】では、⑤財産的損害の有無が問題となります。Cは、Zにだまされて、本当のことを知っていたら買わなかったはずの、ただの栄養剤を購入しています。しかし、Cの手元には、払った金額相当の栄養剤があるわけですから、財産的損害はないようにもみえます。もっとも、Cは、本当のことを知っていたらまず買わなかったはずのものを買わされているわけですから、やはり、そこには財産的損害があるようにもみえます。この場合、Cに財産的損害があったといえるでしょうか。

　さあ、いかがでしょうか。答えが気になる方は、「刑法各論」の教科書の「詐欺罪」の項目を自分で読んで、調べてみましょう。

2　特殊詐欺について

　近年、**特殊詐欺**と呼ばれるものが社会問題となっています。警視庁のウェブサイト（https://www.keishicho.metro.tokyo.lg.jp/kurashi/tokushu/furikome/furikome.html）をみてみると、次のように説明されています。

　　特殊詐欺とは、犯人が電話やハガキ（封書）等で親族や公共機関の職員等

第2講　消費者保護と刑法　　93

を名乗って被害者を信じ込ませ、現金やキャッシュカードをだまし取ったり、医療費の還付金が受け取れるなどと言って ATM を操作させ、犯人の口座に送金させる犯罪（現金等を脅し取る恐喝や隙を見てキャッシュカード等をすり替えて盗み取る詐欺盗（窃盗）を含む。）のことです。

　同じく、警視庁のウェブサイトによれば、特殊詐欺の手口は、以下の10種類に分類されています。

①　オレオレ詐欺
親族等を名乗り、「鞄を置き忘れた。小切手が入っていた。お金が必要だ」などと言って、現金をだまし取る（脅し取る）手口です。

②　預貯金詐欺
警察官、銀行協会職員等を名乗り、「あなたの口座が犯罪に利用されています。キャッシュカードの交換手続きが必要です」と言ったり、役所の職員等を名乗り、「医療費などの過払い金があります。こちらで手続きをするのでカードを取りに行きます」などと言って、暗証番号を聞き出しキャッシュカード等をだまし取る（脅し取る）手口です。

③　架空料金請求詐欺
有料サイトや消費料金等について、「未払いの料金があります。今日中に払わなければ裁判になります」などとメールや SNS で通知したり、パソコンなどでインターネットサイトを閲覧中に「ウイルスに感染しました」と表示させて、ウイルス対策のサポート費用を口実として、金銭等をだまし取る（脅し取る）手口です。

④　還付金詐欺
医療費、税金、保険料等について、「還付金があるので手続きしてください」などと言って、被害者に ATM を操作させ、被害者の口座から犯人の口座に送金させる手口です。

⑤　融資保証金詐欺
実際には融資しないのに、簡単に融資が受けられると信じ込ませ、融資を申し込んできた人に対し、「保証金が必要です」などと言って金銭等をだまし取る（脅し取る）手口です。

⑥　金融商品詐欺
価値が全くない未公開株や高価な物品等について嘘の情報を教えて、購入す

94 §3 現代社会と犯罪

ればもうかると信じ込ませ、その購入代金として金銭等をだまし取る（脅し取る）手口です。

⑦ **ギャンブル詐欺**

「パチンコ打ち子募集」等と雑誌に掲載したり、メールを送りつけ、会員登録等を申し込んできた人に、登録料や情報料として支払わせて金銭等をだまし取る（脅し取る）手口です。

⑧ **交際あっせん詐欺**

「女性紹介」等と雑誌に掲載したり、メールを送りつけ、女性の紹介を申し込んできた人に、会員登録料金や保証金として金銭等をだまし取る（脅し取る）手口です。

⑨ **その他の特殊詐欺**

上記の類型に該当しない特殊詐欺のことをいいます。

⑩ **キャッシュカード詐欺盗（窃盗）**

警察官や銀行協会、大手百貨店等の職員を名乗り、「キャッシュカードが不正に利用されているので使えないようにする」などと言ってキャッシュカードを準備させ、隙を見てポイントカード等とすり替えて盗み取る手口です。

上記のうち、⑩の手口は**窃盗罪**（刑法235条）という犯罪にあたり、①から⑨の手口でも、金銭等を「脅し取る」場合は、**恐喝罪**（刑法249条）という犯罪にあたります。特殊詐欺というのは、①から⑩の手口の通称であって、**詐欺罪**（刑法246条）が成立するのは、Ⅰでみた一連のプロセスが充足される場合に限られます。

特殊詐欺は、多くの場合、単独ではなく、グループで組織的に行われます。グループの構成員は、**リーダー格**の者（**番頭**と呼ばれることもあります）、ターゲットに電話をかけてだます**かけ子**、ターゲットが振り込んだお金をATMから引き出す**出し子**、ターゲットから直接お金を受け取る**受け子**などから成ります。大学生が、アルバイト感覚で受け子をしたり、出し子や受け子をスカウトする**リクルーター**をしたりして、実際に逮捕されるケースもあります。詐欺の被害者にならないことはもちろんですが、いつの間にか犯罪の加害者になることのないよう、いわゆる「**闇バイト**」の誘いには十分に気をつけてください。

第2講　消費者保護と刑法　　95

　なお、複数人が役割分担をして１つの犯罪を実現する場合のことを**共同正犯**（刑法60条）といいます。共同正犯は、２人以上の者が合意のうえ共同して犯罪を実行する場合に成立します。共同正犯が成立すると、たとえそれぞれが実行行為の一部しか分担していなくても、全員が実現された犯罪の全体についての責任を問われることになります。このことを、**一部実行全部責任**といいます。そのため、特殊詐欺グループの一員として犯罪に関与した以上、かけ子として欺罔行為だけを担当したり、受け子として財産移転にだけ関与するなど、詐欺の実行行為の一部だけを行った場合でも、詐欺罪の共同正犯（刑法246条、60条）として、その責任を全部負い、詐欺罪を単独で行った場合と同じように処罰されることになります。

　また、リーダー格の者は、メンバーに犯行の指示だけを出して、自分自身は実行行為を分担しない場合もあります。この場合、リーダー格の者は「一部実行」をしていない以上、共同正犯にはあたらないようにもみえます。しかし、２人以上の者がある犯罪の実行について共謀し、その一部の者が実行に出れば、共謀者全員について共同正犯が成立します。これを**共謀共同正犯**といいます（共謀に基づく共同正犯なので「共謀共同正犯」です。「共同共謀正犯」などと間違えることのないようにしましょう）。これは、「共謀」も60条の「実行」に含まれると解釈することによって導かれるもので、現在は、そのような解釈が一般的となっています（最大判昭和33・5・28刑集12巻8号1718頁）。それゆえ、リーダー格の者も、グループのリーダーとして重要な役割を担って共謀に参加していることから、詐欺罪の共同正犯として、その責任を全部負うことになり、詐欺罪を単独で行った場合と同じように処罰されることになります。

　これに対して、アルバイト感覚の受け子のような、グループの正式なメンバーの一員ではなく、グループの犯行を容易にするための補助役に過ぎない者には、共同正犯ではなく、**幇助犯**（刑法62条1項）が成立することもあります。幇助犯とは、従犯ともいい、正犯による犯罪の実行を援助して容易にするもののことです。幇助犯が成立するための要件は、すでに何らかの犯罪の実行を決意している他人による犯罪の実行を容易にする行為を行うことと、その結果、その他人（正犯）が一定の犯罪を実行することです。幇助の

96 §3 現代社会と犯罪

態様には、犯行に必要となる道具を正犯に提供するなどの**物理的幇助**と、正犯を激励して犯罪に対する意欲を後押しするなどの**心理的幇助**とがあり、どちらの場合にも幇助犯が成立します。なお、幇助犯に対する刑は、正犯の刑よりも軽くなります（刑法63条）。ちなみに、その際、「あれ？ もしかして、これって特殊詐欺ってやつ？ でも、まぁいっか！」という程度の認識しかなかったとしても、犯罪の故意は認められてしまいます。このような故意を、**未必の故意**といいますが、これも立派な「罪を犯す意思」なのです（刑法38条1項本文参照）。とにかく、この手のことには、決して関わらないのがいちばんです。

3 詐欺まがいの悪質商法について

なお、詐欺そのものではありませんが、詐欺まがいの**悪質商法**として、**ねずみ講**や**マルチ商法**（Multi-Level Marketing〔MLM〕、ネットワークビジネス）などがあり、法規制の対象となっています。とりわけ、ねずみ講は、**無限連鎖講の防止に関する法律**によって、刑罰も科されています（同法5条以下）。また、マルチ商法も、それ自体は犯罪行為とはされていませんが、**特定商取引法**によって、**連鎖販売取引**として規制の対象とされており（同法33条以下）、その違反行為に対しては刑罰も科されています（同法70条以下参照）。

楽な儲け話など世の中にはひとつもありません。うまい話には必ず裏があると思って、安易に手を出したりすることのないよう、くれぐれも注意しましょう。

Exercise

1. 詐欺罪とはどのような犯罪で、それが成立するためには、どのようなプロセスが必要ですか。

2. 【ケース1】のように、もし相手が、本当はだまされなかったけれども、自分の財産を行為者に渡した場合、詐欺罪は成立しますか。それは

第 2 講　消費者保護と刑法　　97

なぜですか。

3．【ケース 2】のように、相手にウソをついて財産を手に入れた場合であれば、常に詐欺罪は成立しますか。それはなぜですか。

4．【ケース 3】のように、ウソの説明をして相手をだまし、ある商品を相手に売りつけたが、その商品の販売価格が本来のその商品の価格相当であった場合でも、詐欺罪は成立しますか。それはなぜですか。

5．「特殊詐欺」とはどのようなものですか。特殊詐欺グループのメンバーについて、それぞれ、どのような刑事責任が問題となりますか。

Further Study

　本講では、私たち消費者にとって身近な犯罪である、**詐欺罪**について取り上げました。詐欺罪は、刑法典に規定されている**財産犯**のひとつで、これについては、「刑法各論」で詳しく学ぶことになります。また、「未遂罪」、「共同正犯」、「共謀共同正犯」、「幇助犯」、「未必の故意」などのキーワードが出てきましたが、これらについては、「刑法総論」で詳しく学ぶことになります。本当は**悪質商法**についてももっと詳しく説明したかったのですが、ここでは簡単な紹介にとどまってしまいましたので、インターネットで検索するなどして、自分で調べてみてください。悪質商法の問題については、「経済刑法」でも学びます（松澤伸編『基本学習 企業犯罪と経済刑法』（2024、商事法務）Chapter 5 「悪質商法」をまずは読んでみてください）。

　Lecture のところでも述べたように、楽な儲け話など世の中にはひとつもありません。そんな話を持ってくる人は、「よっぽどのお人好し」か、「相手を利用して自分が甘い汁を吸おうとしている悪い人」のいずれかです。そして、その人が「よっぽどのお人好し」であるケースは、まずありません。特殊詐欺に関わっても、悪質商法に関わっても、犯罪として処罰の対象とな

98　§3　現代社会と犯罪

る可能性があるだけでなく、犯罪とまではならなくても、そのことがきっかけとなって、人としての信用を失い、大切な家族や友達との関係を失うことにもなりかねません。特に大学生は、社会経験の未熟さに付け込まれ、また、18歳となって成人となれば、親などの同意がなくてもひとりで正式な契約ができる（民法4条以下参照）ということを利用され、そういったことのターゲットにされやすいという現実があります。「うまい話には必ず裏がある」ということを常に肝に銘じ、くれぐれも安易に甘い誘いに乗ることのないよう、気をつけて大学生活を送ってください。

　なお、万が一それらに引っかかってしまった場合には、特殊詐欺については警察相談専用窓口「＃9110」に（https://www.npa.go.jp/bureau/safetylife/sos47/）、また、悪質商法については国民生活センターの消費者ホットライン「局番なしの188（いやや）」に（https://www.caa.go.jp/policies/policy/local_cooperation/local_consumer_administration/hotline/）、電話でご相談ください。

　参考文献として、詐欺罪につき、高橋則夫編『授業中 刑法演習』（2021、信山社）第24回「詐欺罪」、三井誠ほか編『入門刑事法〔第9版〕』（2024、有斐閣）第1章 THEME 5「特殊詐欺と刑法」を、刑法の全体像につき、高橋則夫『刑の重さは何で決まるのか』（2024、筑摩書房）、同『授業中 刑法講義』（2019、信山社）、佐久間修＝橋本正博編『刑法の時間』（2021、有斐閣）を、大学生活を送る上での法律上の注意点につき、近江幸治＝弘中惇一郎編『学生のための法律ハンドブック』（2018、成文堂）、江藤祥平ほか『大学生活と法学』（2022、有斐閣）、城祐一郎『あなたも陥る身近な犯罪』（2023、成文堂）を挙げておきます。

第 3 講　インターネットと刑法

Lecture

1　インターネットと詐欺罪

　インターネットの発達は、私たちの生活を豊かにすると同時に、新たなリスクをも生み出しています。その代表例のひとつとして、インターネットを用いた詐欺の問題があります。

　詐欺罪は、刑法246条に規定されており、「**財物**」をだまし取る**1項詐欺**と、「**財産上の利益**」をだまし取る**2項詐欺**があり、本罪が成立するためには、①行為者による**欺罔行為**がなされ、②それによって相手方が**錯誤**に陥り、③それに基づいて相手方による**処分（交付）行為**がなされ、④相手方から行為者へと**財産**（「財物」または「財産上の利益」）が**移転**し、⑤それによって相手方に**財産的損害**が生じる、という一連のプロセスが必要となります（詳しくは、**第2講の1**を参照してください）。

　インターネットを用いた詐欺についても、上記の要件が充たされていれば、詐欺罪の成立が認められます。たとえば、次のケースについて考えてみましょう。

> **【ケース1】** Xは、フリマアプリで、人気アイドルグループ楓坂594のコンサートのチケットを定価で譲ると偽って、購入の申込みをしてきたAに、その代金を振り込ませ、これをだまし取った。

　このような場合、Xに**詐欺罪**は成立するでしょうか。また、成立するとしたら、それは、前述した詐欺罪の成立要件が、どのようにして充足されてい

ると説明できるからでしょうか。

　まず、①Ｘが、購入の申込みをしてきた相手から代金をだまし取るために、実際にはその気がないのに（あるいは、実際にはチケットを持っていないのに）チケットを譲るとしていたことは、**欺罔行為**にあたります。そして、②それをみて申込みをしたＡは、代金を払えばＸからチケットを譲ってもらえると、**錯誤**に陥っています。このような取引では、銀行振込の方法でＡからＸへと送金されるのが一般的ですが、そうすると、③Ａは、自分の口座にある預金をＸの口座へと送金する、あるいは、自分の財布の中にあった現金をＡＴＭからＸの口座へと入金することで、**処分行為**を行うことになります。こうして、④ＡのもとからＸのもとへと**財産移転**がなされ、その結果、⑤Ａに**財産的損害**が生じることから、この場合、Ｘには、詐欺罪が成立することになります。

　問題は、これが１項詐欺なのか、それとも２項詐欺なのか、という点です。これは、「**預金の占有**」という、民法と刑法にまたがる難しい問題にかかわってきます。預金というのは、厳密にいうと、銀行に預けた（貸した）金銭を返してもらう権利、すなわち銀行に対する債権ですから、民法上、その金銭の「占有」は銀行にあることになります（しかも、金銭については占有と所有が一致すると解されていることから〔最判昭和39・1・24判時365号26頁〕、民法上は、その金銭を「所有」しているのも銀行ということになります）。しかし、預金というのは、預金者がいつでも容易に引き出すことのできるものですから、実態として、それは、貯金箱に入っている自分の金銭と同じようにみることができます。それゆえ、刑法上、預金については、口座の持ち主にその「占有」があるといって差し支えないと解されています（大判大正元・10・8刑録18輯1231頁参照）。よって、Ｘは、Ａにその代金を自分の口座へと振り込ませることで、金銭という「財物」の占有を得た、ということができますから、Ｘには、**１項詐欺**が成立することになります。

　なお、犯行が発覚するなどして、銀行によって口座が凍結され、Ｘが口座内の金銭を自由に引き出すことができなかった場合には、Ｘの詐欺罪は**未遂**（刑法250条）となります。

第3講　インターネットと刑法　101

2　架空請求と詐欺罪・恐喝罪

　インターネットを利用していて、まったく身に覚えのない契約について、高額な支払い請求のメールが送られて来たとか、ウェブサイトのリンク先をクリックした途端に、高額な利用料の支払いを請求する表示が出てきた、という経験をしたことのある人が、みなさんの中にも、もしかしたらいるのではないでしょうか。これらの**架空請求**については、いっさい反応せず、「無視する」というのがいちばんの対策です。しかし、これらの架空請求に基づいて実際に振込みがなされた場合には、その架空請求をした人に、Ⅰで解説したのと同様の理論構成によって、**詐欺罪**（刑法246条）の成否が問題となる場合だけでなく、その態様によっては、**恐喝罪**（刑法249条）の成否が問題となる場合もあります。次のケースについて考えてみましょう。

【ケース2】 Xは、Aに対して、「最終通告」という件名で、「この度、以前あなた様が利用した有料サイトの未納料金について債権譲渡を受け、回収を代行する事になりました。当社の方に早急に連絡して頂き、あなた様の債務についてご確認願います。ご連絡がない場合には、誠に勝手ながら、一週間前後でご自宅、ご勤務先まで伺わせていただきますのでご了承下さい。」という内容の文面のメールを送信した。このメールをみて怖くなったAは、メールに記載されている電話番号に電話をかけ、Xに電話番号を知られただけでなく、Xから巧みに住所等の個人情報を聞き出された。その結果、XがA宅に押しかけてきて、Aに支払いを強く迫ったため、怖くなったAは、Xに請求された金額を支払った。

　このように、相手をだますだけではなく、相手を脅して金銭を取る場合には、**恐喝罪**の成否が問題となります。恐喝罪が成立するには、①行為者による**暴行**または**脅迫**がなされ、②それによって相手方が**畏怖**し、③それに基づいて相手方による**処分（交付）行為**がなされ、④相手方から行為者へと**財産**（「財物」または「財産上の利益」）が**移転**し、⑤それによって相手方に**財産的損害**が生じる、という一連のプロセスが必要となります。このように、詐欺

罪と恐喝罪とは、どちらも被害者の**瑕疵ある意思**、すなわち、真意に基づくものではない、傷のある意思に基づいて財産移転がなされるものである点で、その成立要件が似ています。両者については、その違いに留意しながら、あわせて理解しておくとよいでしょう。

なお、**畏怖**とは、「恐れおののくこと」をいい、恐喝罪が成立するのは、被害者が、畏怖に基づいて、瑕疵があるとはいえ、自らの意思で財産を処分（交付）した場合です。もし、被害者が、脅迫されたことで、畏怖するだけでなく、**反抗を抑圧**され、自らの意思とは無関係に財産を奪われた場合には、恐喝罪ではなく、**強盗罪**（刑法236条）が成立します。恐喝罪と強盗罪とは、被害者から財産を脅し取るものであるという点では、一見するとよく似た犯罪ですが、それが、一応は被害者の意思に基づいて財産を自ら交付させるものなのか（これを**交付罪**といいます）、それとも、被害者の意思に反する形で財産を奪い取るものなのか（これを**盗取罪**といいます）、という点で、異なる類型に属する犯罪であるということができます（そして、その区別のための基準が、暴行・脅迫によって、被害者の反抗が抑圧されたか否か、であるとされているのです）。

3 電子計算機使用詐欺罪

これまでにみてきたケースは、人の錯誤や畏怖といった、人の瑕疵ある意思が問題となるケースであったため、詐欺罪や恐喝罪の成立を認めることができました。しかし、インターネット上の取引の中には、人の手を介さずに、もっぱらコンピュータがその処理を行うものもあります。たとえば、次のケースについて考えてみましょう。

【ケース3】 Xは、虚偽の決済情報を入力して、インターネットで音楽データを入手した。

音楽のダウンロードサイトを使って音楽データを購入し、それをスマホなどで聴いているという人も少なくないことでしょう。その契約の際、データを販売する側は、人の手によるのではなく、コンピュータが自動的に処理を

行うことで、データの提供を行っています。このような、人の判断の介入の余地がないシステムに、虚偽の情報を入力する手段が用いられるような場合には、「人を欺」くことが成立要件となっている詐欺罪の成立を認めることはできません（たとえば、自動販売機に500円硬貨と同じ大きさ・重さの金属片を投入し、商品であるジュースとお釣りとして出てきた金銭を得た場合には、「人」をだましていないので、詐欺罪ではなく、窃盗罪〔刑法235条〕が成立することになります）。また、ここでの客体は、音楽データという情報、すなわち、財産上の利益であるため、財物のみが客体とされている窃盗罪の成立も認めることができません（たとえば、ゲームセンターのゲーム機に100円硬貨と同じ大きさ・重さの金属片を投入し、そのゲーム機で不正に遊んだ場合には、「人」をだましていないので、詐欺罪が成立しないだけでなく、「財物」を得ていないので、窃盗罪が成立することもありません）。

　そこで、このような、不正なコンピュータの操作による財産上の利益の取得を規制するものとして、**電子計算機使用詐欺罪**（刑法246条の2）という犯罪についての規定があります。ちなみに、「電子計算機」とは、電卓ではなく、「コンピュータ」のことです。【ケース3】のXは、同条にいう「人の事務処理に使用する電子計算機に虚偽の情報……を与えて財産権の得喪……に係る不実の電磁的記録を作り、……財産上不法の利益を得……た者」にあたりますから、この場合、Xには、同罪が成立することになります。

4　いわゆるフィッシング詐欺について

　インターネットを用いた詐欺的な行為のひとつとして、本物のインターネットバンキングやオンラインショッピングなどのサイトから送られてきたメールだと思って、それを受信した人が、そこに記載されているリンクをクリックし、その先にあるサイトで個人情報を入力することで、IDやパスワードなどをだまし取られてしまう、といったものがあります。たとえば、次のケースについて考えてみましょう。

【ケース4】Xは、銀行からのお知らせを装ったメールをAに送信し、「以下のリンクをクリックして手続を行ってください」と指示して、事

前に用意しておいた、本物の銀行のウェブサイトにそっくりの偽サイトへとAを誘導し、そこにAにインターネットバンキングのIDやパスワードなどの情報を入力させ、これを取得した。

　これは、**フィッシング詐欺**（英語では fishing ではなく phishing と書きます）と呼ばれるものです。この場合、Aがだまし取られているのはIDやパスワードといった「情報」であって、「財物」ではありません。また、IDやパスワードそのものには財産的な価値を認めることができませんから、「財産上の利益」がだまし取られたと評価することもできません（財産的な価値があるのは、IDやパスワードそのものではなく、あくまでも、それを使ってアクセスした先にある情報などだからです）。よって、フィッシング詐欺は、「詐欺」という言葉が使われてはいるものの、詐欺罪として処罰することができないのです。

　では、フィッシング詐欺を、詐欺未遂罪（刑法246条、250条）として処罰することはできないのでしょうか。**未遂犯**（刑法43条）が成立するためには、法益侵害の現実的な危険、すなわち、この場合であれば、財産侵害の現実的な危険の発生が必要となります（最決昭和40・3・9刑集19巻2号69頁、最決昭和45・7・28刑集24巻7号585頁など参照）。IDやパスワードを取得しただけの段階では、まだそのような現実的な危険が発生したとまでは評価できませんから（たとえば、金庫の鍵を手に入れたとしても、いざその金庫の鍵穴に鍵を差し込もうとする段階くらいまで行かなければ、金庫の中の財産に対する現実的な危険が発生しているとまではいえないのと同じことです）、この場合、詐欺未遂罪の成立を認めることもできません。

　それゆえ、**不正アクセス行為の禁止等に関する法律（不正アクセス禁止法）**という特別法が、フィッシング行為それ自体を禁じ、処罰の対象としています。具体的には、同法4条が他人の識別符号（IDやパスワード）を不正に取得する行為を禁止しています。また、同法5条が他人の識別符号の第三者への不正な提供を、同法6条が他人の識別符号の不正な保管を、同法7条が識別符号の入力を不正に要求する行為（フィッシングサイトの開設〔1号〕、フィッシングメールの送信〔2号〕）を、それぞれ禁止しています。それらの

各行為に対する罰則は、同法12条・13条に規定されています。なお、同法 3条が、不正アクセス行為を禁止しており、その罰則は11条に規定されています。

　不正アクセス行為が行われ、その後、実際に財産の取得がなされた場合には、そのときにはじめて、その態様（「人」を欺いたか否か）や、客体（対象が「財物」か「財産上の利益」か）などに応じて、詐欺罪（刑法246条）や、電子計算機使用詐欺罪（刑法246条の 2 ）の成否が、不正アクセス禁止法違反の罪の成否とは別に問題とされることになります。

Exercise

１．詐欺罪の成立要件は、どのようなものですか。

２．恐喝罪の成立要件は、どのようなものですか。

３．詐欺罪と恐喝罪、また、恐喝罪と強盗罪の、共通点・相違点は、どのような点ですか。

４．電子計算機使用詐欺罪とは、どのような犯罪ですか。

５．「フィッシング詐欺」を、詐欺罪として処罰することはできますか。それはなぜですか。

Further Study

　本講では、インターネットを用いた犯罪の中でも、「経済刑法」に関するものとして、インターネットを用いた詐欺罪と、その周辺に関する問題を取り上げました。本講のテーマに関心を持たれた方は、松澤伸編『基本学習

106   §3 現代社会と犯罪

企業犯罪と経済刑法』（2023、商事法務）Chapter 4 「不正アクセス」もぜひ読んでみてください。また、参考文献として、橋爪隆「ネット取引と犯罪」法学教室391号（2013）88頁、鎮目征樹＝西貝吉晃＝北條孝佳編『情報刑法Ⅰ サイバーセキュリティ関連犯罪』（2022、弘文堂）を挙げておきます。

　インターネットを用いた犯罪は、**わいせつ物頒布等罪**（刑法175条）、**児童買春、児童ポルノに係る行為等の規制及び処罰並びに児童の保護等に関する法律**（児童ポルノ禁止法）、**私事性的画像記録の提供等による被害の防止に関する法律**（リベンジポルノ防止法）、**名誉毀損罪**（刑法230条以下）に関する問題など、経済犯罪の問題以外にも、様々なものがあります。「刑法各論」を学ぶことで、これら問題についての知識もぜひ深めてみてください。佐久間修＝橋本正博編『刑法の時間』（2021、有斐閣）第2編各論第5話「わいせつにかんする罪」、同第6話「名誉毀損罪・業務妨害罪」でも、これらの問題について紹介されています。

　インターネットは、非常に便利なツールですが、同時に、不注意な使い方をすると、人生を大きく変えてしまうリスクを内包しているツールでもあります。トラブルにあうことのないよう、**インターネット・リテラシー**をしっかりと身につけて、慎重に活用するようにしてください。

第4講　公務員と刑法

Lecture

1　公務員の公平性

　法学を学んでいる人たちの中には、将来、都道府県庁・市区町村役所の職員や、警察官、消防官など、公務員として働きたいと考えている人も少なくないのではないでしょうか。

　公務員とは、国や地方自治体に所属して、人々に公のサービスを提供するために働く人たちです。民間企業で働く人たちは、企業の利益の追求を第一の目的としていますので、相応の対価を支払う人にだけ商品やサービスを提供し、より多くの対価を支払う人を優遇します。これに対して、公務員は、国や地方自治体の利益の追求のために働くわけではありません。公務員は、支払われた税金の額などとは関係なく、すべての人々に等しくサービスを提供しなければなりません（憲法15条2項参照）。たとえば、民間の警備会社の警備員は、相応の対価を支払っている人の安全を、その契約の範囲内でのみ守っていますが、公務員である警察官は、すべての人々の安全を、等しく、そして、広く守っています。

　このように、公務員には、「すべての人々のために、等しくサービスを提供する」という公平さが求められており、私たちも、そのことを期待し、また、そうであると信頼しています。ところが、ある人が公務員に対してこっそりと特別な対価を支払っていて、公務員がそれを受け取っていたとしたらどうでしょうか。もしそのようなことがあれば、公務員の公平さに対する私たちの信頼は揺らいでしまうことでしょう。

　そうならないようにするために、刑法は、公務員が特別な対価を受け取る

ことと、公務員に特別な対価を贈ることの両方を、処罰の対象としています（刑法197条以下）。そのような特別な対価のことを賄賂といい、賄賂を受け取ることを収賄、賄賂を贈ることを贈賄といい、その両方をあわせて贈収賄といいます。このような賄賂の問題も、経済犯罪のひとつとして位置づけることができます。

2 公務員の定義

まず、収賄罪の主体となる「公務員」の定義を確認しておきましょう。刑法7条は、「この法律において『公務員』とは、国又は地方公共団体の職員その他法令により公務に従事する議員、委員その他の職員をいう」と規定しています。「国又は地方公共団体の職員」、「議員」、「委員」というのは例示であって、実質的には、公務員とは、「法令により公務に従事する職員」のことです。なお、後述するように、日本の刑法は、日本の公務員の職務の公正と、これに対する社会一般の信頼を守ることを目的としていますので、外国の公務員は、ここでいう「公務員」には含まれません（最判昭和27・12・25刑集6巻12号1387頁）。

また、公務員ではありませんが、刑法の適用においては公務員と同じように扱われる、「みなし公務員」と呼ばれる人たちがいます。たとえば、放置車両の確認を行う駐車監視員（道路交通法51条の12第7項）、自動車教習所の技能検定員（道路交通法99条の2第3項）、郵便局の従業員（郵便法74条）、日本銀行の役職員（日本銀行法30条）、国立大学法人の役職員（国立大学法人法19条）、一般地方独立行政法人の役職員（地方独立行政法人法58条）などがこれにあたります。これらの人たちの職務は、公務員の職務を代行するものであったり、職務の内容が公務に準ずる公益性や公共性を有するものであることから、法律で、「刑法その他の罰則の適用については、法令により公務に従事する職員とみなす」、「役員及び職員は、法令により公務に従事する職員とみなす」などと規定されており、刑法の適用において、公務員としての扱いを受けます。なお、日本放送協会（NHK）、日本電信電話株式会社（NTT）、旅客鉄道株式会社（JR）、高速道路株式会社（NEXCO）、日本たばこ産業株式会社（JT）などの、公益性・公共性が高い企業の役職員について

第 4 講　公務員と刑法　　109

も、刑法とは別に、それぞれの法律（放送法、日本電信電話株式会社等に関する法律〔NTT 法〕、旅客鉄道株式会社及び日本貨物鉄道株式会社に関する法律〔JR 会社法〕、高速道路株式会社法〔高速道路会社法〕、日本たばこ産業株式会社法〔JT 法〕など）で、賄賂についての罰則が規定されています。

3　賄賂罪の類型

　賄賂罪として、刑法典は、**単純収賄罪**（197条 1 項前段：公務員が、その職務に関し、賄賂の収受・要求・約束をすること）、**受託収賄罪**（同条 1 項後段：公務員が、その職務に関し、請託を受けた上で、賄賂の収受・要求・約束をすること）、**事前収賄罪**（同条 2 項：公務員になろうとする者が、その担当すべき職務に関し、請託を受けた上で、賄賂の収受・要求・約束をすること）、**第三者供賄罪**（197条の 2：公務員が、その職務に関し、請託を受けた上で、第三者への賄賂の供与・要求・約束をすること）、**加重収賄罪**（197条の 3 第 1 項：公務員が、前二条の罪〔単純収賄罪・受託収賄罪・事前収賄罪・第三者供賄罪〕を犯し、よって、不正な行為をし、または、相当の行為をしないこと、同 2 項：公務員が、その職務上、不正な行為をしたこと、または、相当の行為をしなかったことに関し、賄賂の収受・要求・約束、または、第三者への賄賂の供与・要求・約束をすること）、**事後収賄罪**（同条 3 項：公務員であった者が、在職中に請託を受けて、職務上不正な行為をしたこと、または、相当の行為をしなかったことに関し、賄賂の収受・要求・約束をすること）、**あっせん収賄罪**（197条の 4：公務員が、請託を受け、他の公務員に、職務上不正な行為をさせるように、または、相当の行為をさせないように、あっせんをすること、または、あっせんをしたことの報酬として、賄賂の収受・要求・約束をすること）、以上の収賄罪に対応する**贈賄罪**（198条：公務員〔になろうとする者・であった者〕に賄賂の供与・申込み・約束をすること）について規定しています。それぞれの規定の詳しい内容については「刑法各論」の講義や教科書に譲ることにして、ここでは、賄賂罪の基本事項についてのみ確認していくことにしましょう。

4　賄賂罪の保護法益

　賄賂罪の保護法益は、判例によれば、「公務員の職務の公正とこれに対す

110 §3 現代社会と犯罪

る社会一般の信頼」とされています（最大判平成 7・2・22刑集49巻 2 号 1 頁〔ロッキード事件丸紅ルート〕）。学説上も、「公務員の職務が公正に行われること」と、「それに対する社会一般の信頼」を保護法益と解する、**信頼保護説**が通説となっています。本罪は、「公務の適正な遂行」という国の作用に対するものであり、**国家的法益に対する罪**と位置づけられています。

賄賂罪の基本形は、「公務員が、その職務に関し、賄賂を収受し、又はその要求若しくは約束をしたときは、5 年以下の拘禁刑に処する」と規定する、**単純収賄罪**（197条 1 項前段）です。本罪は、賄賂を**収受**した場合はもちろんのこと、**要求**したり、**約束**しただけでも成立するということにご注意ください。また、実際に公務員が賄賂によって左右されたことは、犯罪成立の要件とはされていないということにもご注意ください（その場合には、**加重収賄罪**〔197条の 3〕が成立します）。それは、1 でも触れたように、公務員がただ賄賂を収受・要求・約束しただけであっても、「公務が賄賂によって左右されているのではないか」という不信感を人々に抱かせるには十分だからです。人々がこのような不信感を抱けば、「公務の適正な遂行」という国の作用を危うくさせることになりかねません。それゆえ、「公務員の職務が公正に行われること」だけでなく、「公務に対する社会一般の信頼」をも保護することが必要となるのです。

5 職務行為の意義と範囲
（1） 総 説

賄賂罪は、あっせん収賄罪（197条の 4）を除いて、公務員が「**その職務に関し**」賄賂を収受・要求・約束することによって成立します。しかし、公務員の**職務**の範囲は、条文の規定からだけでは必ずしも明らかではありません。賄賂罪の問題を考えるにあたっては、この概念を明らかにする作業がまず必要となります。

判例によれば、公務員の**職務**とは、「公務員がその地位に伴い公務として取り扱うべき一切の執務」をいうとされています（最判昭和28・10・27刑集 7 巻10号1971頁）。その範囲は、原則として法令によって定められていますが、必ずしも法令に直接の規定があることは必要ではなく（大判昭和13・12・3

刑集17巻889頁)、法令の解釈によって合理的にその範囲を確定できれば足りるとされています。また、職務は、独立して決済する権限を伴う場合に限られず、上司の指揮監督の下、その命令を受けて行う補助的職務であってもよいとされています(前掲最判昭和28・10・27)。

職務には、正当なものだけでなく、不正なものも含まれます。たとえば、守秘義務に違反して情報を漏示することなども職務にあたるとされています(最決昭和32・12・5刑集11巻13号3157頁)。なお、不正な職務には、不作為の場合も含まれます。たとえば、警察官が証拠品の押収を取りやめることも職務にあたるとされています(最決昭和29・9・24刑集8巻9号1519頁)。

(2) 具体的職務権限

公務員が、**具体的な職務権限**に基づいて、現に担当している職務に関して賄賂を収受等した場合に、職務行為該当性が認められた例として、内閣総理大臣が、航空機メーカーの販売代理店の社長から5億円の賄賂を受け取り、運輸大臣(現在でいう国土交通大臣)に特定の航空機を購入するように勧めたことが問題となった、ロッキード事件丸紅ルートがあります。本件について、最高裁は、「運輸大臣が全日空に対しL1011型機の選定購入を勧奨する行為は、運輸大臣の職務権限に属する行為であり、内閣総理大臣が運輸大臣に対し右勧奨行為をするよう働き掛ける行為は、内閣総理大臣の運輸大臣に対する指示という職務権限に属する行為ということができるから、Tが内閣総理大臣として運輸大臣に前記働き掛けをすることが、賄賂罪における職務行為に当たるとした原判決は、結論において正当として是認することができる」としています(前掲最大判平成7・2・22)。

(3) 一般的職務権限

判例・通説は、その公務員にその職務を行う具体的権限(事務分配)がなくても、その職務がその公務員の**一般的な職務権限**に属するものであれば職務にあたるとしています。たとえば、警視庁警部補として同庁調布警察署地域課に勤務し、犯罪の捜査等の職務に従事していた被告人が、同庁多摩中央警察署長に対し告発状を提出していた者から、当該事件について、告発状の検討、助言、捜査情報の提供、捜査関係者への働き掛けなどの有利かつ便宜な取り計らいを受けたいとの趣旨の下に供与されるものであることを知りな

112 §3 現代社会と犯罪

がら、現金の供与を受けた、という事案について、判例は、「警察法64条等の関係法令によれば、同庁警察官の犯罪捜査に関する職務権限は、同庁の管轄区域である東京都の全域に及ぶと解されることなどに照らすと、被告人が、調布警察署管内の交番に勤務しており、多摩中央警察署刑事課の担当する上記事件の捜査に関与していなかったとしても、被告人の上記行為は、その職務に関し賄賂を収受したものであるというべきである」としています（最決平成17・3・11刑集59巻2号1頁）。

（4） 職務密接関連行為

判例は、その公務員の本来の職務行為ではなくても、その**職務と密接に関連する行為**についてであれば、賄賂罪が成立するとしています。なぜなら、職務密接関連行為であっても、それに対して賄賂の授受がなされれば、職務の公正とそれに対する社会の信頼が害されることになるからです（**信頼保護説**）。

職務密接関連行為は、一般に、①本来の職務行為ではないが慣行上担当している場合と、②自己の職務権限に基づいて事実上の影響力を及ぼしうる場合の、2つに分けることができます。

このうち、②の例として、医療法人理事長として病院を経営していた被告人が、その経営に係る関連病院に対する医師の派遣について便宜ある取り計らいを受けたことなどの謝礼等の趣旨の下に、奈良医大の救急医学教室教授であるとともに、附属病院救急科部長であり、教育公務員特例法等の規定により教育公務員とされ、地方公務員としての身分を有していたＡに対して金員を供与した、という事案につき、「Ａがその教育指導する医師を関連病院に派遣することは、奈良医大の救急医学教室教授兼附属病院救急科部長として、これらの医師を教育指導するというその職務に密接な関係のある行為というべきである」として、被告人に贈賄罪の成立を認めた判例があります（最決平成18・1・23刑集60巻1号67頁）。

6 賄賂の意義

賄賂とは、公務員の職務行為に対する対価としての不正な報酬のことをいいます。「職務行為に対するものであれば足り、個々の職務行為との間に対

価関係のあることを必要とするものではない」とされています（最決昭和33・9・30刑集12巻13号3180頁）。判例によれば、「賄賂は、財物のみに限らず、又、有形たると無形たるとを問はず、苟も人の需要若くは欲望を充たすに足るべき一切の利益を包含するものとす」とされており（大判明治44・5・19刑録17輯879頁〔引用した判決文は、片仮名を平仮名に直し、濁点と句読点を追加したものです〕）、金銭、物品、不動産等はもちろんのこと、債務の弁済、金融の利益、芸妓の演芸、異性間の情交、就職のあっせん、地位の供与、値上がりが確実な未公開株式の譲渡、ゴルフクラブの会員権、売買代金が時価相当額であった場合の土地売買による換金の利益なども、すべて賄賂となるとされています。

　では、お中元やお歳暮のような、**社交上の儀礼的贈答**はどうなのでしょうか。判例は、これについて、「公務員の職務に関係なかりせば、中元、歳暮に於ける社交上の慣習儀礼と認めらるべき程度の贈物と雖、苟も公務員の職務に関し授受せらるる以上は、賄賂罪の成立すること勿論にして、其の額の多少、公務員の社交上の地位、若は時期の如何を理由として、公務員の私的生活に関する社交上の儀礼に依る贈答たるに止まるものと認めざるべからざる理由あることなし」として、社交上の儀礼の範囲内であるか否かを問わず、贈答が職務に関するものであれば賄賂になるとしています（大判昭和4・12・4刑集8巻609頁〔引用した判決文は、片仮名を平仮名に直し、濁点と句読点を追加したものです〕）。

Exercise

1．賄賂罪（収賄罪）の主体となるのはどのような人ですか。

2．賄賂罪の保護法益は何ですか。

3．賄賂罪が成立するのはどのような場合ですか。

114   §3　現代社会と犯罪

4．賄賂罪が問題となる公務員の職務の範囲はどのように理解されていますか。

5．「賄賂」とは何ですか。

Further Study

　本講では、刑法典における公務員の贈収賄に関する規定について、とりわけ、その基本事項について取り上げました。Lecture でも述べたとおり、それぞれの規定の具体的な構成要件については、「刑法各論」で学んでください。なお、ここでの解説の多くは、高橋則夫『刑法各論〔第4版〕』(2022、成文堂) を参考にしています。より詳しくは、そちらもぜひ読んでみてください。また、ここで扱った問題については、高橋則夫編『授業中 刑法演習』(2021、信山社) 第30回「賄賂罪」で、具体的な事例を取り上げながら解説しています。この問題に関心を持った方は、そちらもぜひ読んでみてください。

　また、みなし公務員についてや、公益性・公共性が高い企業の役職員に対する特別法の罰則についても簡単に紹介しましたが、それ以外にも、株式会社の取締役等の職務や、株主等の権利の行使は、一定の公共的な性格をもっていますので、その公正を保護するために、**会社法の罰則**として、**取締役等の贈収賄罪**（同967条）、**株主等の権利の行使に関する贈収賄罪**（同968条）、**株主の権利の行使に関する利益供与の罪**（同970条）といった規定があります。これらについては、「経済刑法」で扱いますが、その際には、ここで学んだことが生きてきます。

　このセクションで扱ったことは、「経済刑法」で扱う内容のほんの一部ですが、これらのいずれもが、様々な領域にまたがる問題であるということを、これまでの学習の中で感じていただくことができたのではないかと思います。このように、「経済刑法」は、刑法の中でも応用領域に属するものですので、これをしっかり学ぼうとする場合には、刑法だけでなく、民法や会

社法、その他の特別法の知識や理解が不可欠となります。「経済刑法」に限らず、様々な領域にまたがる内容を扱う科目は、学習段階が進むにつれて増えていきます。あとで苦労することのないよう、早い段階で、憲法・民法・刑法といった基本的な科目を、しっかりと学んでおきましょう。

§4 刑罰とは何か

宍倉　悠太

第 1 講　刑罰の意義
第 2 講　刑罰を科す根拠と目的
第 3 講　新派刑法学の登場
第 4 講　「刑罰」から「犯罪者の処遇」へ

第 1 講　刑罰の意義

Lecture

1　刑罰とは何か

　以下では、「**刑罰とは何か**」について考えていきますが、犯罪に対応する仕組みの中には、刑罰で対応する一方で、罪を犯した人の再犯を防止するための対応策や、刑罰によらない対応策なども存在します。こうした犯罪に対応する仕組みやその在り方を検討する分野は、「**刑事政策**」と呼ばれています。

　「刑事政策」の意義は学問上必ずしも一義的に定まっていないところもありますが、多くの場合「犯罪を防止することを目的として行われる国及び地方公共団体の施策」を指すとされています。そして上述のように、その中には実際の施策のみならず、よりよい犯罪の防止のためにその適正・有効な活動の在り方を検討することも含まれます。

　実際の刑事政策の活動は、犯罪発生後の犯罪や犯罪者への事後対応のみならず、犯罪の予防まで広範囲に及びます。したがって、そのよりよい在り方を検討するためには、大前提として刑罰の理論や展開の歴史、そしてさらに刑罰の運用をはじめとする各種犯罪対策についての様々な知見が必要となります。一度にこのすべてを扱うことはできませんので、ここでは刑事政策の入門として、刑罰の意義からお話ししていきたいと思います。

　一般的に「刑罰とは何か」と聞かれると、刑務所に入れられるとか、死刑などをイメージするかもしれません。あるいは、スピード違反や信号無視でいわゆる「青切符」を切られた際に納付を求められる反則金などを想像する人もいると思います。ほかに、警察に逮捕され留置場に入れられることなど

も、刑罰として思い浮かべるかもしれません。

　社会の人々の平穏な生活を乱すような行動をとると、その代償として社会的な非難や制裁を受けることがあります。しかし、そうした非難や制裁の全てが刑罰といわれるわけではありません。法律によって「犯罪」と定義され、刑法を実現するための手続きによって裁判所により「犯罪」と評価された行為に対して科されるものだけを「刑罰」といいます。

　わが国の刑法典は、「第一編　総則」と「第二編　罪」から構成されており、刑罰に関する規定は総則に並んでいます。これをみれば、反則金や、警察に逮捕されること自体は刑罰に規定されていないことがわかるでしょう（刑法9条を参照）。

　ところで、「犯罪」を「刑罰を科される行為」と定義し、「刑罰」を「犯罪行為に対して科される制裁」と定義するだけでは、形式的な意義の説明にしかなりません。「刑罰とは何か」という問いに答えるためには、その実質的な意義を探る必要があります。そのためには、刑罰の本質（最も根本的な要素）は何なのか、そして何のために刑罰を科すのか（社会において刑罰が果たしている役割は何なのか）などが検討されなければなりません。刑事法の中でも、こうした刑罰の在り方を検討する学問領域を**刑罰論**といいます。

2　刑罰の意義

　では、改めて刑罰の実質的な意義を考えてみましょう。参考に、わが国の刑法9条の規定をみてください。

　刑法9条には、「死刑、拘禁刑、罰金、拘留及び科料を主刑とし、没収を付加刑とする」と書かれており、さらに10条以下には、刑の軽重やそれぞれの刑の内容、刑罰を科す際の決まりごとなどが記載されています。これらは、本人の意思にかかわらず強制的に科されるものであり、科された者には望まない苦痛や害悪が付与されることになります。つまり、実質的に定義すれば、「犯罪」という行為を行った者に対して、そのことに対する報いとして科されるものが刑罰であり、「苦痛ないし害悪性の付与」が刑罰の本質的内容とされるわけです。

　わが国では現行法上、上記のものを刑罰として定めていますが、世界には

このほかにも様々な種類の刑罰が存在しています。他方、応報としての苦痛や害悪性の付与という要素を満たしさえすればどのような刑罰も許容されるわけではありません。刑罰は科された者の自由を制約し、その生活に非常に大きな影響を与えるものであるため、その過剰で無制限な使用は人々の平穏な生活をかえって阻害することにもなりかねないからです。したがって、法治国家においてはその内容のみならず運用も、法律で非常に厳格に規定されています。しかし、刑罰は昔からそのようなものとして存在していたわけではなく、特に18世紀半ば頃までは、「力による支配」の下で多くの人びとが厳しい刑罰に苦しめられてきた歴史がありました。この歴史を詳しくみていくと、刑罰の意義をより深く理解することができるようになるでしょう。

3　法の支配と罪刑法定主義の確立

　古代、中世から近世までの世界は、形は様々あるものの、奴隷制社会や封建社会のように、概して「支配する者」と「支配される者」に分かれる社会構造が主流でした。そこでは、宗教や武力などを背景とした一部の強大な権力者による**「力による支配」**が行われ、権力を有する支配者とその他の被支配者という身分差別の下で人びとの集団は運営されていたわけです。そうした社会においても秩序を維持するための法は存在しており、刑罰も存在していましたが、犯罪をした者に対する刑罰は決して平等なものではなく、権力者による支配をより強めるための手段としての性質が強いものでした。それは特に、**①干渉性、②恣意性、③身分性、④残虐性**といった特徴で表されることになります。

　しかし17世紀後半頃から、人間には「理性」があり、これが本能や欲望を制御するという**啓蒙思想**が展開されるようになると、社会にあった偏見や無知を打破するための「自由」や「平等」といった観念が重視されるようになりました。啓蒙思想はやがて、一部の人間だけが支配権限を握る社会体制を排斥する動きへとつながり、「力による支配」から**「法の支配」**を中心とする社会への変化を促進することになります。この専断的な権力支配を排斥し、権力を法で拘束して国民の権利や自由を保障する「法の支配」の発想に基づき、憲法を頂点とした「三権分立」に基づく**「法治国家」**が誕生するこ

122 §4 刑罰とは何か

とになったのです。

「法の支配」の原理は、刑事法にも大きな変革をもたらしました。その変革の最大の功労者は、**ベッカリーア**（1738-1794）です。

ベッカリーアは、1764年に『犯罪と刑罰』を出版し、啓蒙主義的観点から旧体制下における刑罰制度の問題点を告発します。とりわけベッカリーアは、恣意的な犯罪や刑罰の在り方を批判し、それらは法律に基づき厳格に定められ、運用されるべきと主張しました。

　すなわち、法律だけがひとつひとつの犯罪に対応する刑罰を定めることができるということ。そして、この〔刑罰制定の〕権限は立法者にのみ帰属するということ。なぜなら、立法者は社会契約によって統合された社会全体を代表するものだからである。……せいぜいでも社会の一員でしかない司法官は、同じ社会の誰か他のメンバーに対する刑罰を、〔法律にもとづかない〕正義の名でもって自己の判断で勝手に決めることはできない。……司法官は、たとえ熱意のあまりとか公共善のためとかのどんな口実にもとづくものであっても、犯罪をおかした市民に対して、あらかじめ定められた限度以上に刑罰を重くすることはできない（チェーザレ・ベッカリーア（小谷眞男訳）『犯罪と刑罰〔増補新装版〕』(2024、東京大学出版会) 16頁）。

ベッカリーアは、「**罪刑法定主義**」を唱え、①犯罪の明確性（干渉性の排除）、②罪刑の法定（恣意性の排除）、③身分性の排除、④残虐性の排除、を主張しました。近代刑罰制度の基礎は、こうして築き上げられていったのです。

Exercise

１．刑罰に共通の要素とはどのようなものですか。

２．「力による支配」とはどのようなものですか。

３．「法の支配」「法治国家」とはどのようなものですか。

第 1 講　刑罰の意義　　123

4．刑罰の「干渉性」や「恣意性」は、なぜ排除されることになりました
　　か。後述する「刑法の人権保障機能」の観点から考えてみましょう。

5．犯罪を行うと必ず刑罰が科されますか。

Further Study

　本講のポイントは、①刑罰とは何か、②刑罰の本質、③罪刑法定主義の重
要性、の理解です。いずれも刑罰論の基本中の基本となる部分です。日常的
に犯罪や刑罰という言葉が使われることもありますが、法学の世界ではそれ
らが全て厳格に定義されていることをきちんと理解しておいてください。

　本講で学んだ内容は、旧派（古典学派）の刑罰理論にあたるものです。次
講ではこの内容をさらに追求するとともに、日本の刑罰の内容にも触れてい
きます。

　Lecture で触れたように、国家刑罰権は非常に強大なものです。した
がって、社会の安全を守る上で刑罰が必要な場合がある一方、その発動にお
ける手続きに巻き込まれたり、刑罰を科されたりすることは、その人の社会
生活に様々な支障を及ぼすことになります。刑罰にはこうした「劇薬」とし
ての側面もあり、それゆえに、刑罰は必要やむをえない場合に限り謙抑的に
用いられるべきとされます。こうした刑罰権の適正な使用を維持するため
に、罪刑法定主義は、犯罪者の人権を守るという**刑法の人権保障機能**も担っ
ているわけです。もちろん、よりよい犯罪対策を考える際にもこうした刑法
の人権保障機能に留意する必要があり、ここから刑事政策における指導理念
のひとつである「**人道主義**」が導かれることになります。

　なお、刑罰に似て非なるものがあることも確認しておきましょう。1で挙
げた反則金は、一見「罰金」と似ていますが、道路交通法に規定がある行政
処分としての制裁金の一種で、前科がつかない点で「刑罰」ではありませ
ん。また、刑罰の1つである「科料」と同じ読み方をするもので「過料」と
いうものがあります。これは比較的軽微な行政法上の義務違反に対する制裁

（秩序罰）で、その手続きも刑事訴訟法ではなく、法令の別段の定めがない限り、非訟事件手続法という法律に基づき行われるものであり、「刑罰」ではありません（当然前科もつきません）。一方、「逮捕」は、犯罪を行ったと疑われる者（被疑者）が逃走したり、証拠を隠したりするおそれがある場合に身柄を拘束し保全する刑事手続上の行為であり、こちらも「刑罰」ではありません。

　ところで、犯罪が起きると、その当事者以外の人びとからも、様々な反響が起こります。インターネット社会になり SNS が普及している今の時代は、特に社会の耳目を集めるような事件が起きると、それに伴い人びとの様々な反応が以前にもまして起こるようになりました。刑事法を学修するみなさんには、これらの事件に関心を持ってもらいたいことはもちろんですが、特にそれらが法的にどのように取り扱われているのかということにも注目してもらいたいと思います。

　他方で、こうした犯罪への対応に関する社会の人びとの反応をみると、肯定的なことばかりではなく、時には刑事司法制度に否定的な評価や批判がみられることもあります。もちろん、主権者である国民が法制度に対する評価をすること自体は決して悪いことではありませんが、重要なのは「本当にその評価が適切なのか、自分自身が正しく判断できているかどうか」ということです。この理解が誤っていると、よりよい犯罪対策の検討もできなくなるからです。

　よりよい犯罪対策の在り方を検討するためには、犯罪対策の現状が理解できなければなりません。したがって、刑事政策の学修を進めていくことは、「刑事司法制度の実態を正しく認識する姿勢」の習得にもつながっていきます。その過程では、刑法や刑事訴訟法、犯罪学など様々な学問分野の知見が必要になるため、決して一朝一夕に成し遂げられるものではありませんが、少しずつでも知識や方法論への理解を深めていくことで、次第に達成できるようになります。学問は宙に浮いているものではなく、実社会の中にも息づいているということを忘れないでください。

　最後に、初学者にとって刑罰論の理解の一助となる参考文献を紹介しておきましょう。刑罰論だけをまとめた書籍は少なく、たいていは刑法総論の教

科書の中に説明があります。ただし、刑法の教科書では犯罪論だけを重点的に扱っているものもありますので、必ず目次をみて、刑罰論について分かりやすく、ある程度の記述をしている教科書を探すことをお勧めします。代表的なものとしては、前田雅英『刑法総論講義〔第8版〕』（2024、東京大学出版会）、大谷實『刑法講義総論〔新版第6版〕』（2025、成文堂）などが挙げられます。また、少し前のものですが、大越義久『刑罰論序説』（2008、有斐閣）などもあります。さらに刑罰論についてより詳しく学びたいという人には刑事政策の教科書がお勧めです。川出敏裕＝金光旭『刑事政策〔第3版〕』（2023、成文堂）が代表的なものといえるでしょう。

第 2 講　刑罰を科す根拠と目的

Lecture

1　刑罰論の確立

　「犯罪と刑罰は成文の法律によって厳格に規定され、適用されなければならない」という罪刑法定主義の提唱は、その後の刑法理論の形成に大きな影響を与えました。さらに、この発想を徹底しようとすれば、犯罪に応じた刑罰の適用も、厳格な基準に基づいて行われる必要があります。では、近代刑法においてその基準はどのように考えられていったのでしょうか。それを理解するためには、その根底にある考えも含めた「刑罰を科す根拠」を理解していく必要があります。

　刑罰を科す根拠について考えるうえでは、以下の点が重要になります。

① 刑罰が科される対象である「人間」について、どのように捉えているか（人間観）
② 犯罪をした者に対し、どのような刑罰がなぜ科されないといけないのか（刑罰観）
③ 刑罰を科す根拠としての「責任」をどのように捉えているのか（責任論）

　なお、本講で紹介する内容は、旧派（古典学派）の刑法理論に属する考えです。厳密には、その中にもいくつかの理論が登場しますが、ここではその最も基本となる考え方を紹介します。また、旧派というように、その後には新派（近代学派）の刑法理論も登場することになります。そちらは**第 3 講**以

降で紹介します。

2　刑罰を科す根拠

　旧派の刑法理論において基礎となる考え方を呈示したのは、**カント**（1724-1804）です。カントは特に理性の作用を重視し、刑罰理論を以下のように構築しました。

　まずカントは、啓蒙主義的観点から、人間は理性に基づく「自由意思」を持った存在であり、犯罪も個人がその自由な意思に基づき行うと考えました（**自由意思論**）。人間は理性を有する存在という点で皆平等であるという、平均的正義を重視した人間観を唱えたわけです（法学には、「**正義**」という言葉がしばしば登場しますが、その内容には、形式的平等を重視する「**平均的正義**」と、実質的平等を重視する「**配分的正義**」の二種類があります）。

　さらにカントは、人間の理性には最高の価値があると考え、国家は刑罰を科しても、それにより個人の内面に干渉することまではしてはならないと考えました。そして刑罰は犯罪という「悪の行為」に対する「悪の反動」であり、その双方が均衡していなければならず（**罪刑均衡**）、あくまで刑罰は犯罪行為に対する**応報**として科されるものとしました。このように、純粋に犯罪に対する応報として刑罰を捉える考え方を、**絶対的応報刑論**といいます。

　この犯罪行為と応報としての刑罰の均衡を求めるための基準として「**責任（刑事責任）**」という概念が生まれました。責任の本質は、犯罪者に対する**道義的非難**であるとされ、ここから「非難ができなければ刑罰を科すことはできない（＝責任なければ刑罰なし）」という**責任主義**の原則が確立することになりました。

3　刑罰を科す目的

　他方、同じ旧派でありながら、カントとは異なり、刑罰に目的を持たせることを主張したのが、**フォイエルバッハ**（1775-1833）でした。

　フォイエルバッハは、理性を有する人間は、合理的判断を行うことができると考えました。ここから、人は社会生活においてもより大きな利益を求める選択をするので、「犯罪を犯すことによって得られる快楽よりも、刑罰と

して科される不快の方が大きいことが予め示されていれば、人は犯罪行為を選択しない」という**心理強制説**に基づき、刑罰によって一般人を威嚇することで犯罪から遠ざける**一般予防刑論**を主張しました。また、こうした主張に基づき、犯罪抑止のためには刑罰が予め明示されていることが必要であるから、「法律がなければ犯罪はなく、法律がなければ刑罰はない」として罪刑法定主義を主張するとともに、残虐な刑罰の不合理性などを説きました。

　こうして、旧派の刑罰理論は展開していきましたが、やがて19世紀後半になると、産業革命が進展し、ヨーロッパを中心に社会構造が大きく変化し始めました。これに伴い、従来の刑罰論にも限界がみえ始めることになります。そうした状況を打開すべく、新しい刑罰論が展開していくことになるのです。

4　わが国における刑罰の内容

　わが国では、死刑、拘禁刑、罰金、拘留、科料、および付加刑としての没収の6種類が刑として規定されています（刑法9条）。

　以下、内容について分類のうえ簡単に紹介していきましょう。

死刑（刑法11条）

　死刑は**生命刑**ともいわれます。**死刑**は「刑事施設内において、絞首して執行する」と規定されており（11条1項）、執行までは刑事施設に拘置されます（11条2項）。またこの「絞首」について、現在は死刑囚の首に絞縄を巻き踏み板の上に立たせ、執行者がボタンを押すと踏み板が開いて落下することで縊死させる**地下絞架式**という方法が採られています。

拘禁刑（刑法12条）・拘留（刑法16条）

　拘禁刑・拘留は**自由刑**と呼ばれる刑種です。世間一般にもイメージされやすい、いわゆる「刑務所に収容される刑」を指します。

　拘禁刑の期間は無期か有期であり、有期の場合は、1月以上20年以下、規定により加重する場合は最大30年、減軽する場合は1月未満にできるとされています（14条2項）。他方、**拘留**は1日以上30日未満と、拘禁刑に比べ期

間がはるかに短いのが特徴です。また、いずれの刑も、「刑事施設に拘置する」とともに、「改善更生を図るため、必要な作業を行わせ、又は必要な指導を行うことができる」とされています。

なお、「拘禁刑」は、令和 4（2022）年の刑法改正により導入されたもので、それ以前は「懲役」と「禁錮」という自由刑が存在していました。改正の経緯について若干補足しておきましょう。

「私利私欲に基づく**破廉恥犯**に対し、政治犯や過失犯などの**非破廉恥犯**は、その犯罪に対する道徳的評価が異なることから、刑罰も別の内容にするべきではないか」。これが、そもそも懲役とは別に禁錮が設置された理由でした。そして実際、「刑事施設への拘置」と「作業」を内容としていた**懲役**に対し、**禁錮**は「刑事施設への拘置」のみを内容とする自由刑でした。しかし、懲役と禁錮をめぐっては、このような犯罪に対する道徳的評価の違いを刑に盛り込むことは過度のリーガル・モラリズムを助長するという批判や、強制労働の有無により懲役と禁錮を区別することは労働蔑視の思想につながり、憲法27条に反するのではないかという批判、また、実際の運用において禁錮刑の言渡しは非常に少なく、さらにその多くが自ら請願作業に従事しているため、懲役と禁錮に事実上の差異はほとんどない、などの指摘がありました。さらに、懲役刑のもとでは刑務作業が刑罰の内容として強制的に科せられることになっていましたが、この作業を「本人の意に反する労働の強制」ではなく、改善のための「処遇」という点から捉えると、作業は受刑者の改善更生を図るうえで重要な機能を有する処遇方法でもあるので、刑の種類ではなく、個々の受刑者の特性に応じて作業と指導を効果的に組み合わせた処遇を行うことができるようにすることが重要であると考えられました（「犯罪者の処遇」の意義については、**第4講の2**参照）。

そこで、令和 4（2022）年の刑法改正により懲役と禁錮は「拘禁刑」として一本化されることになりました。拘禁刑は、令和 7（2025）年の 6 月から施行が開始されます（なお、施行前に懲役や禁錮の言渡しを受けて受刑中の人については、そのままそれらの刑が執行されます）。

罰金（刑法15条）・科料（同17条）・没収（同19条）

いずれも**財産刑**と呼ばれる刑種です。**罰金**は原則として１万円以上、**科料**は1000円以上１万円未満とされています。

没収は、「犯罪行為を組成した物」「犯罪行為の用に供し、又は供しようとした物」「犯罪行為によって生じ、若しくはこれによって得た物又は犯罪行為の報酬として得た物」などを没収する刑です。**付加刑**とされており、必ず他の刑に付随する形で言い渡されます。

なお、犯罪によって儲けた金や物などを使用・処分してしまい没収ができない場合には、その価額を**追徴**（刑法19条の２）という制度を執行して取り立てることになります。

以上、わが国における刑罰の内容についてごく簡単な概要を紹介しました。ただし、刑罰論は刑罰を抽象的に理解するだけでは不十分であり、警察・検察等の犯罪捜査や裁判所による刑罰適用の実際、また刑務所の状況など、その運用実態を知ることも重要であることを付言しておきたいと思います。

Exercise

１．自由意思論とはどのようなものですか。

２．平均的正義と配分的正義の違いについて、具体例を出して説明してみましょう。

３．旧派の刑罰理論に基づき、犯罪に対して刑罰を科す考え方の流れを整理するとどうなりますか。

４．一般予防刑論によって犯罪は減ると考えますか。

5．死刑は憲法36条が禁ずる「残虐な刑罰」にあたりますか。判例はどのような見解か調べてみましょう。

Further Study

　本講の主なテーマは、①刑罰を科す根拠、②刑罰を科す目的、③刑罰の種類の理解、の3つでした。特に、①の刑罰を科す根拠は、現在の日本の刑事司法においても、起訴する（刑事裁判にかける）かどうか、裁判でどの程度の**量刑**（刑の種類や量を決める）にするかなどを検討するうえで基本となる原理です。きちんと理解しておいてほしいと思います。

　また、②に関する一般予防刑論について、こうした考え方は現在でも説得力を完全に失ったわけではありません。さらに現在では、こうした刑罰による一般人に対する威嚇を「**消極的一般予防**」と考え、これに対し、刑罰には犯罪者を処罰することによって、一般人の規範意識を覚醒強化することで犯罪を思いとどまらせる目的もあるという「**積極的一般予防**」という考え方も主張されています。しかし、言うまでもなくこうした目的の下に刑罰が存在していても、犯罪を行う者はいなくなるわけではありません。そうした犯罪者への対応も、新派刑法学を生み出すきっかけになりました。詳しくは**第3講**で学修します。

　最後に③について、本講では刑罰の種類の簡単な紹介にとどめましたが、4の末尾でも書いたとおり、刑罰論は「刑罰ってこんなものなんだな」という概念的・抽象的な理解だけでは不十分であり、その実態を知ることも非常に重要です。なぜならば、科される対象が基本的に「人」だからです。特に、刑務所のように人を対象に刑罰を科す現場では、機械的に刑を執行するだけでは済まない問題が出てくることになります。こうした犯罪者の取扱いを巡る問題や、犯罪と犯罪者を減らすための刑罰制度の在り方も刑事政策における検討課題となりますが、当然ながら検討するためには、犯罪現象や犯罪対策の現状に関する的確な実態把握が必要になります。そのためには、刑罰を規定している法やその改正などの**立法政策**の動向だけでなく、刑罰が当

132　§4　刑罰とは何か

初想定したとおりの役割を果たせているのか、刑の執行をする現場ではどのような問題があるのかといった、**運用政策**の動向を分析することも重要になります。裁判例の動向や、法務省法務総合研究所が出している『犯罪白書』による刑罰や各種犯罪対策の運用状況にも目を向けてみてください。

第3講　新派刑法学の登場

Lecture

1　旧派の限界

　18世紀以降の啓蒙主義思想の発展は、「力による支配」から「法の支配」への転換をもたらしました。その結果、刑事法の領域においてもそれまでの罪刑専断主義が排斥され、「犯罪と刑罰とはあらかじめ成文法の形で国民に示されなければならない」という罪刑法定主義への転換が起こります。刑罰論については、カントの唱えた絶対的応報刑論を経て、フォイエルバッハに代表される一般予防刑論へと展開していきました。

　これらの刑罰理論においては、人間は理性ある存在として自由意思を持つ存在であること（自由意思論）が前提とされており、このうち一般予防刑論については、理性ある人間は合理的選択を行うため、「犯罪を行う快感よりも大きな不快が刑罰によって科されることが予定されていれば、人は犯罪をしない」という快不快原則に基づく心理強制説がその根拠とされていました。

　しかしながら19世紀後半になると、社会構造の変化により、こうした一般予防刑論が意味をなさない事態が生じ始めます。ヨーロッパで展開した産業革命および資本主義の展開は、都市への人口流入と増加を促すことになり、その結果、貧富の差の増大に伴う失業者・貧困者の激増、アルコール中毒者の出現、少年犯罪の増加、そして常習犯の登場といった新たな問題を生じさせました。このような状況に伴う犯罪の増加を前に、一般予防刑論が前提としていた「理性ある人間の自由意思に基づいて犯罪は起こされる」という考え方はもはや犯罪現象を説明するには不十分となり、犯罪抑止のための理論

134 §4 刑罰とは何か

としての説得力を失っていくことになりました。

　そうした状況の中、犯罪の原因を的確に把握し、その原因を断つための新たな対応策の検討が模索されることになります。そこで旧派に代わり登場してきたのが近代学派とも呼ばれる**新派刑法学**です。

2　実証主義的犯罪原因論の登場と新派刑法学の展開

　近代化に伴う犯罪の量的・質的な変化に対応すべく初めに登場したのは、犯罪の原因を科学的（とりわけ経験科学的）観点から実証的に解明しようとする**犯罪実証学派**でした。彼らは、犯罪を減らすための対策を考えるにはまず、犯罪が起こる原因を実証的・法則的に明らかにする必要があると考えたわけです。

　犯罪実証学派として最初に登場したのは、犯罪の原因を犯罪者自身の生物学的要因に求めようとする立場でした。これは主としてイタリアで展開したことから、**イタリア実証学派**とも呼ばれています。このイタリア実証学派の開祖であり、また「犯罪学の父」とも呼ばれたのが**ロンブローゾ**（1836-1909）でした。

　ロンブローゾは医師であり、受刑者の頭蓋骨等の特徴を綿密に調査しました。そのうえで、当時流行していた骨相学の知見などをもとに、多くの犯罪者には一定の身体的特徴がみられると主張しました。すなわち、犯罪者は人類学上の「変種」であり、こうした人間は生まれつき犯罪者となることが宿命づけられているという「**生来性犯罪人説**」を唱え、60-70% の犯罪者が生来性犯罪人であると主張しました（後に35-40% と訂正）。

　その後、ロンブローゾの説は欠陥が指摘され、現在では完全に否定されています。しかし、彼の最大の功績は、史上初めて犯罪の原因を実証的観点から解明しようとしたというまさにそのことにありました。その後、犯罪人類学派からは、「自然犯」「法定犯」概念を唱えたガロファロや、三元説を唱えたフェリーなどが登場し、それぞれ理論を展開していきました。

　他方、こうした**犯罪人類学派**に対し、犯罪の原因を社会的要因に求める**犯罪社会学派**も登場します。こちらはラカッサーニュを筆頭にフランスで展開し、リヨン環境学派とも呼ばれています。犯罪社会学派には、統計学の手法

を駆使したケトレーや、「模倣の法則」を唱えたタルド、「アノミー論」を提唱したデュルケムなどがいました。

このような犯罪実証学派の登場と展開はやがて犯罪の原因を探る**「犯罪学」**という学問領域を生み出すことにつながりました。上記の各論者の主張の詳細は犯罪学の参考書に譲りますが、こうした犯罪学の知見を刑法理論に応用する形で登場したのが、ドイツの**リスト**（1851-1919）に代表される新派刑法学です。このように、犯罪学と刑罰論は密接に関連することになっていくのです。

3　新派刑法学の概要

上記のとおり、初期の犯罪原因論は大別すると、その原因を個人の素質に求める見解（**素質説**）と、周囲の社会環境に求める見解（**環境説**）に分かれます。リストは、この2つの見解を統合し、新派刑法学をより精緻化していきました。

リストは自由意思論ではなく、人間の行動は素質と環境によって決定されるという**決定論**の立場から、犯罪も素質と環境の両者に基づいて発生するという二元説を唱え、環境的要因については社会政策によって対処するが、個人的要因については刑罰によって対処しなければならないと主張しました。そして前者については、「最良の刑事政策は最良の社会政策である」と主張する一方、後者に関しては「罰せられるべきは行為ではなく行為者である」という**行為者主義**を主張し、刑罰をその行為者の態様に応じたものにすべきと説きました。すなわち、その場の状況で犯罪をした機会犯人には改善不要であることから**威嚇**を、改善可能な者には**改善**を、そして改善不能の者には**排害・無害化**をという形で、行為者が将来犯罪を行う危険性に応じて、刑罰を使い分けることを主張したのです（なお、リストはこのうちの「改善」の程度について、「刑罰は道徳的である必要はなく、他人に害悪を加えないように市民的な改善を目指せばよい」としました）。

さらにリストは、犯罪の成否についても、行為者の性格や内面を問題とする主観主義を主張し、犯罪者の危険性が、「犯罪行為」という法が明確に規定した徴表として表れた場合に限り刑を科すべきとする**犯罪徴表説**を唱えま

136 §4 刑罰とは何か

す。そして刑罰は行為責任ではなく、行為者の**犯罪的危険性**に応じたものであるということになり、刑罰の目的も、一般予防刑論が主張したような一般人に対する威嚇ではなく、一度犯罪をした者が将来再び犯罪を行わないようにするという**特別予防**にあると考えました。こうして、旧派に代わる新派刑法学の基礎が築かれることになったのです。

Exercise

1．旧派の刑罰論は、どのような事情から限界が指摘されましたか。

2．ロンブローゾの実証研究の問題点について調べてみましょう。

3．決定論とはどのようなものですか。自由意思論との違いは何ですか。

4．リストの提唱した特別予防刑論の内容である「威嚇」「改善」「排害・無害化」とはそれぞれ具体的にはどのような内容のものですか。

5．「一般予防」と「特別予防」の目的や対象の違いを整理するとどうなりますか。

Further Study

　第1講と第2講は旧派の刑罰理論についてがテーマでしたが、本講はその後に展開された新派刑法学の刑罰理論の登場と展開がテーマでした。講義のポイントは、①旧派の限界、②犯罪実証学派の登場、③新派刑法学の概要、の理解ということになります。特に、特別予防目的の登場は、「犯罪者を再び犯罪をしない状態にして社会に戻す」ことを求めることになったため、ここから「犯罪者の処遇」という発想が生まれて来ることになりました。こち

らについては**第4講**で詳しく紹介します。

　日本では、戦前に国家的道徳を基礎に据えた犯罪論・刑罰論が主流となった結果、国家中心の道徳観や規範意識に基づく恣意的・主観的な刑法の運用を許容してしまい、結果として国民の自由が著しく制限される事態を招くことになりました。その結果、戦後になると主観主義を中心とする新派刑法学は、再び刑法の恣意的運用を許すおそれがあるとして、次第に衰退していくことになりました。もっとも、日本も明治時代にはドイツ刑法を中心に法典化が行われたので、その法典化の過程において新派刑法学の考え方が導入されている面もあります。また、戦後初期までは、新派刑法学も学界において大きな地位を占めていました。

　しかし、犯罪論の領域に比べ、刑罰論の領域ではなおも新派刑法学からの理論が蓄積されている部分があります。特に日本の刑罰論は現在、応報刑論を基調としつつ、その中で可能な限り予防目的を推進していくことを認める**「相対的応報刑論」**が通説的地位にあります。日本の刑罰制度はこうした理論を根拠として立法・運用されており、その内容をつぶさに確認していくと、日本独自の刑罰制度の特徴や、「犯罪者の処遇」の意義が理解できるようになっていきます。また、非行少年を対象とした少年法の構成にも、この新派刑法学の考え方が大きく関わっています。この点についても**第4講**で若干紹介します。

　なお、**第2講**では、刑罰論は人間観や犯罪観、そして責任論といった観点に沿って内容を整理していくと理解が深まるという話をしました。ぜひ、旧派と新派の特徴を整理してみてください。

　最後に、「犯罪を防止する」という刑事政策の目的との関係でも、特別予防は非常に重要なものです。紹介したように、犯罪の防止を達成するには一般予防だけでは不十分であり、特別予防とともに車の両輪となってはじめて「犯罪の少ない社会」の実現に資するものといえます。そして、「犯罪者の再犯を防止するために最小の労力で最大の効果を挙げる最も合理的な方策とは何か」を考える際には、犯罪原因を経験諸科学の観点から分析する犯罪学の知見が不可欠です。ここから、刑事政策のもう1つの指導理念である**「科学主義」**が導かれることになるのです。

第4講 「刑罰」から「犯罪者の処遇」へ

Lecture

1 特別予防刑論の展開と「行刑」概念の登場

　新派刑法学と特別予防刑論の登場は、犯罪者へ対応する方法に大きな変化を迫ることになりました。とりわけ特別予防刑論、中でも改善可能な犯罪者には改善のための処分を科すという発想は、「犯罪者を再び犯罪をしない状態にして社会に戻す」ことを考える契機となり、その結果、**「犯罪者の処遇」**という概念が新たに誕生するに至りました。

　この点、従来の応報刑論からすれば、犯罪者への人権保障を全うしつつ害悪性の付与としての刑罰を厳格に科せばよいということになるため、刑罰の運用においては形式的・手続的側面を重視した**「刑の執行（Strafvollstreckung）」**を行っているだけで目的を十分に達成できたわけです。しかしながら特別予防刑論においては、犯罪学的な発想に基づいて実証的観点から犯罪の原因を解明し、刑罰によってその原因を除去するというプロセスが必要になってきます。さらに、当初リストの提唱した特別予防刑論は、改善のほかに、改善不要な者に対する「威嚇」や改善不能な者に対する「排害・無害化」といった内容も予定していました。しかしこれらに対しては、実際に存在しているのは「改善の必要性が低い者」や「改善困難な者」であるといった指摘がなされ、さらに「威嚇」や「排害・無害化」は、国家や社会の維持という観点からは有用かもしれないが、他方で「犯罪者個人の福祉」という観点を度外視しているのではないかといった批判が起きました。その結果、特別予防刑論は次第に「改善」目的へ集約された**改善刑論**と呼ばれる見解へと変化していきました。

改善刑論は、「刑の執行」に代わり、犯罪者の危険性を除去し「改善」さ
せるために、運用に際してその問題性に応じ刑の内容を工夫することを求め
ました。その結果、「刑の執行」に代わり、「**行刑（Strafvollzug）**」という
概念が新たに登場することになります。「行刑」概念は、受刑者が改善し社
会に戻り健全に生活することを目指して行われる一連の活動を指す概念とし
て登場したものであり、これが「犯罪者の処遇」を展開させる契機となって
いったのです。

2 「犯罪者の処遇」の展開と処遇のモデル化

改善刑論および行刑概念の出現に伴い、犯罪者への対応の変革を真っ先に
求められることになったのは、近代における刑務所でした。刑務所では、受
刑者に対して再び犯罪をしない状態にして社会に戻すための働きかけをする
ことが求められ、そこで初めて改善を意識した受刑者に対する取扱いを意味
する「**受刑者の処遇**」という考え方が登場します。「犯罪者の処遇」はこの
受刑者の刑務所内における処遇、すなわち「**施設内処遇**」から展開していく
ことになりました。

ところで、「行刑」概念における処遇は、刑務所の中だけに狭く限定され
ず、その後に続く刑務所釈放後の自由な社会生活の場でも継続され、両者が
分断されずに一連のプロセスとして実行されることが期待されるものでし
た。他方、施設内処遇が展開をみせた一方で、刑務所内での処遇が犯罪者の
改善更生にとってかえって有害となることや、必ずしも十分な効果が上がら
ないことも指摘されていました。特に「自由の無いところで、自由のための
処遇はできない」という発想は、刑務所を生活の本拠地としつつも、処遇は
なるべく開放的な施設で、可能な限り実社会に近い環境で行うべきという主
張へつながり、その結果、構外作業や外部通勤作業といった「**施設外処遇**」
という新たな処遇形態が生まれることになります。さらに施設外処遇が展開
していくと、そもそも生活の本拠地および処遇そのものを自由な社会の場に
おいて行う形態として、保護観察などをはじめとした新たな処遇手段が出現
し始めました。こうして、施設内処遇に代わる「**社会内処遇**」の発想が生ま
れることになりました。

140　§4　刑罰とは何か

　さらに、こうした施設内処遇から社会内処遇への展開はやがて、犯罪者に対する処分の多様化につながっていきます。例えば英米法圏の国では、刑務所への拘禁の代わりに、対象者に条件を付けてはじめから社会内で処遇を行う制度（プロベーション：probation）や、刑務所から条件付きで犯罪者を釈放し、監視をしながら社会内で処遇を行う制度（パロール：parole）などが生み出されました。そしてこれらの処分の多様化は、裁判や犯罪捜査へも影響を与え始めます。すなわち、裁判官が裁判の段階でどのような基準に基づきどのような処分を選択するか、そうした処分の前提としての素質や環境に関する調査を実施するのか、さらに遡れば、そもそも事件が起訴されるべきかどうかなどが、犯罪者の改善更生を達成するうえで次第に重要な課題となっていったわけです。そしてこうした問題意識がやがて捜査・裁判段階における犯罪者（広義）に対する取扱いとしての「**司法的処遇**」という概念を生み出すに至りました。

　また、「犯罪者の処遇」はその後、医療のプロセスをベースとしてモデル化されるようになっていきます。すなわち、犯罪者の処遇を、「調査・診断→処遇方針決定→処遇」という形で一連のプロセスとして行うという考え方が出現し、これがとりわけアメリカにおいて「**改善モデル（Rehabilitation Model）**」としてモデル化されることになりました。しかしながら、このモデルは1970年代以降、アメリカにおける犯罪の増加と、犯罪抑止に十分な効果を上げていないという調査結果を受けて下火となり、代わりに犯罪者への不介入主義と定期刑主義を中心とする「**正義モデル（Justice Model）**」が登場することとなりました。その後、欧米諸国では再び改善モデルが復興しつつありますが、これに対し日本では戦後一貫して改善モデルが主流を占めており、刑事司法システムにおいて可能な限り犯罪者の改善更生を実現するための処遇が行われています。

3　ラベリング理論とダイバージョンの展開

　19世紀の終わりから20世紀前半までの刑罰論は、犯罪学の展開や新派刑法学の影響もあり、「犯罪者の処遇」を中心に大きな発展をみせた時期でした。

　しかし、第二次世界大戦後、20世紀の後半になると、先進国では改めて犯

罪の増加や貧困対策などが問題となり始めました。こうした中、増加する犯罪現象を説明するために、犯罪学の領域において、これまでの犯罪者の素質や環境に着目する見解とは全く異なる見解が現れます。それが「**ラベリング理論**」と呼ばれるものです。

ラベリング理論は、ある行為に対して公権力が「犯罪」というレッテルを貼る、この「犯罪定義づけ活動」に着目した見解です。すなわち、犯罪は公権力のレッテル貼りによって生まれ、そうしたレッテルを貼られた者はより自らを犯罪者として意識するようになり、その結果、犯罪者としての自分のアイデンティティーを確立してさらに犯罪を繰り返すようになると考えたのです。

ラベリング理論は、市民への不必要なレッテル貼りや、市民を不必要に多く刑法で処罰する傾向（過犯罪化：overcriminalization）などが犯罪増加の原因であると指摘しました。そして、犯罪を減少させる手段として、**非犯罪化**（**decriminalization**）や、捜査段階などにおいて、刑事司法手続きから可能な限り早期に釈放して過度のラベリングを回避する**ダイバージョン**（**diversion**）といった施策の重要性を主張しました。

ラベリング理論自体は現在では衰退していますが、ダイバージョンは現在でも重要な意義を帯びた犯罪への対応策として導入されています。

4 わが国における「犯罪者の処遇」の現状

最後に、わが国における「犯罪者の処遇」の現状について、概略を紹介しておきましょう。

旧派と新派の刑罰論については、わが国においても激しい対立がありましたが、戦後になると、応報刑論を基調としつつ、その中で可能な限り予防目的を推進していくことを認める「相対的応報刑論」が通説的地位を占めるに至りました。

わが国では現在、犯罪および犯罪者（広義）に対応するためのシステムとして「**刑事司法システム**」が運用されています。刑事司法システムは、上記の相対的応報刑論に基づき、応報刑論と目的刑論の矛盾を包摂する形で構成されており、その中で犯罪者の改善更生を目的とした処遇が行われているの

142 §4 刑罰とは何か

が現状です。

刑事司法システムは大きく分けると、刑罰を科すための「**刑罰システム**」と、刑罰システムからの離脱を行うための「**ダイバージョンシステム**」から構成されています。広義のダイバージョンシステムとしては、警察段階での**微罪処分**（刑事訴訟法246条但書）、検察段階での**起訴猶予**（刑事訴訟法248条）、裁判段階での**刑の全部・一部執行猶予**（刑法25条、27条の２）、矯正段階での**仮釈放**（刑法28条）などがありますが、わが国では刑罰システムに比べ、これらのダイバージョンシステムが非常に多く運用されているのが特徴です。なお、わが国ではダイバージョンの概念が登場する以前から、これらの制度がかなり広範に運用されていたことも特徴といえます。また、これら刑罰システムとダイバージョンシステムの双方の中で、刑務所での施設内処遇や、保護観察などを通じた改善更生のための社会内処遇などが行われています。

このほか、犯罪者の処遇に関わるシステムとしては、非行少年を対象とした**少年法**に基づく「**少年保護司法システム**」も存在します。少年保護司法システムは刑事司法システムとは異なり、新派刑法学に基づく発想が主原理となっています。すなわち、成人に比べ可塑性に富む（＝若年のため将来立ち直りができる可能性が高い）非行少年については、過去の犯罪行為に応じた刑罰を科すよりも、その将来の健全育成を目的として（少年法１条）、「素質」や「環境」といった観点から非行の原因を分析し、非行性を除去するための働きかけをすべきだという考えに基づき制度が構築されているわけです。少年法では、非行少年には原則として「保護観察」「児童自立支援施設又は児童養護施設送致」「少年院送致」といった**保護処分**（少年法24条）を科すことを定めており、例外的に成人と同じ刑事処分を科すこととされています（少年法20条）。刑事司法システムが原則適用されない者を対象としているという意味では、刑事司法システムからの最広義でのダイバージョンシステムに位置づけられるものともいえるでしょう。なお、令和３（2021）年の少年法改正により、18歳以上の少年は「**特定少年**」とされ、刑事司法システムの適用や保護処分を科す方法に関わる特則などが置かれることになりました（少年法62条以下参照）。

また、少年保護司法システムのほかにも、刑事司法システムからの最広義でのダイバージョンシステムとして、例えば、触法精神障害者を対象とした「心神喪失等の状態で重大な他害行為を行った者の医療及び観察等に関する法律」に基づく**「心神喪失者等医療司法システム」**が存在します。これは、精神障害に基づき、刑法39条を根拠とした「責任能力」が完全には問えない者のうち、殺人や傷害などの重大な他害行為を行った者を対象に強制的な治療を行うための仕組みです。

　以上、刑事司法システムとダイバージョンシステムについて、ごく簡潔に紹介しました。こうしたシステムの全体像やその実態の理解を見誤ってしまうと、よりよい犯罪対策の在り方を検討することはおろか、刑事司法の現状認識に対する誤解を生むことにもつながりかねません。また、**第2講**で述べた拘禁刑の創設や上記の少年法改正のように、罪を犯した者への対応は時代や社会の様相に応じて変更されることがありますが、刑罰論の基礎的な理解がなければ、こうした改正に対する認識や評価も不十分になってしまいます。繰り返しになりますが、刑罰や犯罪者の処遇については、こうした犯罪者に対応する仕組みの全体像を、法律上の構造や解釈のみならず、運用状況も含めて正しく理解していくことが非常に重要といえるでしょう。

Exercise

1. 「刑の執行」と「行刑」の考えからは、犯罪者の取扱いに具体的にどのような違いが生まれますか。

2. 「施設内処遇」から「社会内処遇」、「司法的処遇」への展開の流れを自分の言葉で整理してください。

3. 「ダイバージョン」は具体的にどのような犯罪に適用されるべきと考えますか。

144 §4 刑罰とは何か

4．わが国では、罪を犯した人のうち、微罪処分や起訴猶予処分になる人が
どのくらいいるか、調べてみましょう。

5．わが国における犯罪者の処遇は十分に再犯防止の効果を上げていると考
えますか。

Further Study

本講は、①新派刑法学の登場から「犯罪者の処遇」の展開、②「犯罪者の
処遇」概念の内容、③ラベリング理論とダイバージョン、④わが国における
「犯罪者の処遇」の現状、がテーマでした。④については内容が幅広いため
詳しく紹介していませんが、刑事司法システムの構造をまずは理解してもら
えればと思います（毎年、法務省法務総合研究所が発行している『犯罪白書』に
「犯罪者の処遇の概要」という項目がありますが、そこに出ている図が理解の一助
になるでしょう）。

なお、刑事司法システムにおけるダイバージョンシステムや、少年保護司
法システム・心神喪失者等医療司法システムも、その目的や対象に応じて、
罪を犯した者に対する「行為―責任―応報」という対応原理と、「行為者―
危険性―予防」という対応原理のいずれを主原理にするか、従原理をどのよ
うに位置づけるかといったことがポイントになっています。なので、**第3講**
でも述べた旧派と新派の基本的な考え方の整理は、こうしたシステムの構造
を理解する際にも役立ちます。

そして、わが国の刑事司法システムは、応報刑論と目的刑論の矛盾を包摂
する形で構成されていると述べましたが、実はこの「矛盾」というところに
犯罪者に対応する仕組みの日本ならではの特徴があります。応報刑論と目的
刑論（とりわけ改善刑論）は対立を経たうえで歩み寄りをみせ、理論的な統
合が目指されるようになっていきましたが、結局のところ完全な統合が達成
されたとはいいがたく、双方の間には理論上解決しきれない問題が残されて
います。さらに、刑事政策の目的という観点からは、犯罪の防止を実現する

第 4 講　「刑罰」から「犯罪者の処遇」へ　　145

際に、犯罪から生じた「加害者・被害者・社会の人びとの間の社会的葛藤」をいかに解決していくかということも考慮される必要があります。この社会的葛藤にもなかなか解決に至らない「矛盾」が含まれていることからすると、矛盾そのものを犯罪に対応するシステムに取り込むことが刑事政策のあるべき姿ともいえるのかもしれません。

　また、既に述べたとおり、令和 4 （2022）年の刑法改正では「拘禁刑」が導入されましたが、この時の刑法改正では刑の全部執行猶予制度も拡充されるなど、犯罪者の処遇についての改革は現在でも盛んに議論され、立法政策・運用政策の双方の領域において実行され続けています。こうした制度改革が行われる際には、これまで述べてきた科学主義や人道主義に基づき、犯罪対策のための制度としての合理性や相当性、さらに犯罪防止のうえで必要最小限度の施策かどうかという観点からの制度の補充性などがしばしば検討されます。

　最後に、犯罪者の処遇に関するいくつかの文献を紹介しておきましょう。**第 1 講**で紹介した川出＝金『刑事政策〔第 3 版〕』では、こうした犯罪者の処遇についても詳しく紹介されています。また、日本更生保護学会編『更生保護学事典』（2021、成文堂）では、社会内処遇や心神喪失者等医療観察法をはじめ、刑事政策や犯罪学に関わる基本的な事項なども詳しく解説されています。少年法分野では、田宮裕＝廣瀬健二編『注釈少年法〔第 5 版〕』（2024、有斐閣）が少年保護司法システムについてかなり詳細に解説しています。そのほか、河原俊也編『実例 少年法』（2023、青林書院）は、事例とそれに対する解説という形になっているので、初学者にも比較的分かりやすいかもしれません。

　一方で犯罪者の処遇については、その実態を知ることが問題意識を持つうえでも非常に重要です。関心がある人はぜひ、警察署や検察庁、刑務所などの参観やインターンの機会などを活用して見聞を広めてみてください。

§5 刑法を実際に適用する方法

吉開　多一

第1講　刑事訴訟法の意義と目的
第2講　刑事訴訟法の全体像
第3講　真相の解明と人権の保障との調整
第4講　捜査と公判との関係

第1講　刑事訴訟法の意義と目的

Lecture

1　刑事訴訟法の意義（必要性）

刑事訴訟法（以下、「刑訴法」といいます）は、刑法を実現するための手続を定めた法律です。刑法は犯罪と刑罰について定めている法律ですから、刑訴法は実際に発生した犯罪に対して具体的にどのような刑罰を科すか、その決め方（手順）を定めた法律であるともいえます。刑法は**実体法**のひとつで、刑訴法は**手続法**のひとつです。

手続法はどうして必要なのでしょうか。紀元前1700年頃なので、現在から4000年近く前になりますが、ハンムラビ法典第2条に以下のような定めが記載されています。

> もし人が（他の）人を呪術（の罪）で告発したが、彼（の罪）を立証しなかったなら、呪術（の罪）で告発された人は川に行き、川に飛び込まなければならない。もし川が彼を捕らえたならば、彼を起訴した者は彼の家（産）を取得することができる。
>
> もしその人を川が無罪放免し、（彼が）無事生還したならば、彼を呪術（の罪）で告発した者が殺されなければならない。川に飛び込んだ者は、彼を起訴した者の家（産）を取得することができる。（中田一郎『メソポタミア文明入門』（2007、岩波書店）132頁より引用）

このように、超自然的な神の意思で有罪・無罪を決定する裁判を**神明裁判**や**神託裁判**といいますが、これも刑法を実現するための手続のひとつです。しかし、みなさんが犯罪をしたという疑いをかけられ、裁判官から「無罪だ

と言うなら、川に飛び込んできなさい。無事に帰ってきたら無罪にします。」と言われたら、どう思うでしょうか。手続、つまり「決める方法」も大事だと思うはずです。

2　憲法と刑訴法

　現在の刑訴法は、第二次世界大戦後に日本国憲法が成立したのに合わせて、戦前の刑訴法を大幅に改正して成立したものです。戦前の刑訴法は、フランス法、ドイツ法を参考に、**職権主義**といわれる方式をとっていましたが、現在の刑訴法は、アメリカ法の考え方を大幅に取り入れ、**当事者主義**といわれる方式をとっています。

　わが国の憲法の特徴として、刑事訴訟に関する規定が多数あることが挙げられます（憲法31条～40条を参照してみてください）。これを**刑事訴訟の憲法化**ということがあります。刑訴法を理解する上では、憲法の刑事訴訟に関する規定を理解することも欠かせません。

　刑事訴訟に関する憲法の規定の中でも、最も根本的なものが憲法31条です。同条は「何人も、法律の定める手続によらなければ、その生命若しくは自由を奪われ、又はその他の刑罰を科せられない。」としています。条文には「法律の定める手続」としか記載されていませんが、法律で定めていればよいというのではなく、「法律の定める適正な手続」でなければならないと一般に理解されています。

　犯罪をしたのではないかと疑われて捜査の対象になっている人を**被疑者**、起訴された（刑事裁判にかけられた）人を**被告人**といいます。「適正な手続」であるために重要なのは、被疑者・被告人に対して「**告知・弁解・防御**」の機会を与えることです（最判昭和37・11・28刑集16巻11号1593頁参照）。弁解・防御を合わせて「聴聞」とし、「告知・聴聞」の機会ということもあります。刑訴法では、逮捕された被疑者、起訴された被告人に対して、繰り返しこの「告知・弁解・防御」の機会を保障しています。

3　刑訴法の目的

　刑訴法1条は、「この法律は、刑事事件につき、公共の福祉の維持と個人

第１講　刑事訴訟法の意義と目的　151

の基本的人権の保障とを全うしつつ、事案の真相を明らかにし、刑罰法令を適正且つ迅速に適用実現することを目的とする。」としています。この条文をどのように読むかは、「正解」があるわけではなく、人によって異なる理解がありえます。

　この条文は、①公共の福祉の維持と個人の基本的人権の保障、②事案の真相解明、③刑罰法令を適正且つ迅速に適用実現、の３つから成っています。このうち、②を重視すれば、徹底的に証拠を集めて、犯罪をした者は草の根を分けてでも必ず処罰するという考え方に通じやすくなります（**必罰主義**）。かつてはこのような考え方から、拷問をしてでも自白をさせて証拠を集めるということも行われていました。しかし、①の基本的人権の保障のうち、被疑者・被告人の人権保障を重視すれば、人権を侵害してまで処罰するくらいなら、被疑者・被告人を無罪放免にした方がよいという考え方に通じやすくなります（**人権主義**）。

　なお、刑事訴訟における真相の解明とは、形式的真実で足りるといわれる民事訴訟とは異なり、**実体的真実**を解明することだといわれます（実体的真実主義）。しかし、それは「神のみが知る」絶対的な真実を明らかにすることではありません。

　極端な例として考えてみてほしいのですが、すべての人の行動を24時間監視して、防犯カメラで録画をしておけば、何が起こったのかは正確に分かるかもしれません。しかし、そんな社会で暮らしたいと思う人はいないでしょうし、録画された人が頭の中で何を考えていたのかまでは、映像を見ても直ちに分からないことがあるでしょう。実際の事件では、証拠から明らかになる断片的な「真実」をつなぎ合わせて、真相を「推認」していくしかないことも少なくありません。警察や検察、弁護人、裁判所がどんなに頑張っても、一部に「どうしても分からない」部分が残ってしまうこともあります。

　しかし、仮に「どうしても分からない」部分があっても、残りの部分から、証拠によって「犯罪」があったということができ、「刑罰」を科してもよいと判断できれば、刑訴法の目的を達成するための「真実」が解明できたということができます。他方で、「刑罰」は国民の生命、自由、財産を剥奪する人権侵害であって、慎重に科されなければならず、濫用することは許さ

れません。「犯罪」があって、「刑罰」を科してもよいと認めるには、民事訴訟よりも当然に高いレベルが求められることになります。このように、刑事訴訟における真相の解明とは、「犯罪」や「刑罰」の理解と密接に関連するものだということができます。

　刑事訴訟でどこまで真実を解明するべきかについては、実際の事件で問題になることも少なくありません。無差別殺人をはじめとする重大な事件が起こると、マスメディアは犯人の動機は何であったのかを問題にしたがります。しかし、犯人の動機は刑事訴訟でどこまで明らかにするべきでしょうか。これから「犯罪」や「刑罰」に関する学習を深めながら、考えてみてほしいと思います。

Exercise

１．実体法と手続法の違いと、それぞれの具体例を調べてみてください。

２．職権主義と当事者主義の違いを調べてみた上で、それぞれの長所・短所を考えてみてください。

３．憲法改正に必要な手続と法律を改正するために必要な手続の違いを確認した上で、刑事訴訟の憲法化の意味を考えてみてください。

４．刑事訴訟における「真実」とは、どのようなものだと理解しましたか。

５．神明裁判や神託裁判と比較しながら、刑事訴訟において証拠が重要な理由を考えてみてください。

Further Study

　本講のポイントは、①刑訴法（手続法）が必要とされる理由、②憲法と刑訴法との関係、③刑訴法の目的（訴訟における「真実」、必罰主義と人権主義との関係）をそれぞれ理解することでした。これから刑訴法を学修していくにあたって、基礎となる部分です。本講を踏まえて、憲法の講義を受講するときに、刑訴法とのつながりを意識してもらうと、憲法の講義も理解しやすくなるのではないかと思います。

　警察官など刑事司法に携わる仕事をしてみたいと考えている人にとっては、刑訴法の勉強は欠かせません。犯罪の取締りは刑訴法に基づいてしなければいけませんので、日常の仕事をする上で刑訴法を理解しておくことは必須です。ちなみに警察官の採用試験では、刑訴法はほぼ出題されませんが、警察官になった後に警察学校で勉強しますし、昇任試験では、刑法と並んで重要な試験科目になっており、学生のうちから学修しておくと有益です。

　私は刑事司法に携わる仕事をする予定はないから、刑訴法を勉強する理由がないと考える人もいるかもしれません。しかし、みなさんが企業に就職して、トラブル対応や、従業員による不祥事に対する懲戒処分を考える仕事を担当すれば、刑訴法の知識が非常に役に立ちます。

　今後の学修でみなさんにおすすめしておきたいのは、テレビやニュースをみて、現実の社会で刑訴法がどのように使われているかを考えるということです。法律の学修はどうしても抽象的な議論になりがちですが、映像や現実に起きた事件と関連づけてもらうと、具体的なものになって理解しやすくなると思います。とくに刑訴法はそのような学修が比較的やりやすい科目ですので、ぜひ意識してみてください。

第2講　刑事訴訟法の全体像

Lecture

1　刑事手続の流れ

　刑事手続の大きな流れは、捜査→公訴の提起（起訴）→公判→判決→上訴→刑の執行と進んでいきます。本講では、みなさんが持っている六法で条文を確認しながら、その流れをみていきましょう。以下、カッコ内で条文のみが記載されているのは刑訴法の条文、「規」と記載されているのは刑事訴訟規則の条文です。

2　捜　査

　犯罪が発生して、捜査機関が犯罪を認知すると、**捜査**が開始されます。捜査が開始されるきっかけを**捜査の端緒**といいます。捜査の端緒には、申告、職務質問（警察官職務執行法2条1項）、検視（229条）、告訴（230条）、告発（239条1項）、自首（245条、刑法42条）、現行犯逮捕（212条1項）などがあります。

　わが国の主な捜査機関は、警察官（刑訴法では「**司法警察職員**」と呼びます。189条1項）と、**検察官**（191条）です。ほとんどの事件では、まず警察官が捜査を開始します。

　捜査では、証拠を収集して犯人を特定していき、必要があれば犯人（被疑者）を確保します。捜査の手段には、相手方の承諾がなくても強制的に行える**強制処分**と、通常は相手方の承諾を得て行う**任意処分**があります。証拠を収集するための強制処分には、捜索・差押え（218条1項）、検証（218条1項）、通信傍受（222条の2）などが、任意処分には、証拠物の領置（221

条）、鑑定嘱託（223条1項）、被疑者の取調べ（198条1項）、被疑者以外の者の取調べ（223条1項）などがあります。また、被疑者を確保するための強制処分には、逮捕状による**通常逮捕**（199条1項）、現行犯・準現行犯逮捕（212条1項・2項）、緊急逮捕（210条）、**勾留**（207条1項、60条）があります。逮捕や勾留をするには、証拠隠滅や逃亡のおそれがなければならず、わが国で逮捕される被疑者は、例年、交通事故や交通違反を除いた全事件の35％程度で、被疑者がすべて逮捕されているわけではありません。

　強制処分をするには、裁判官が事前にチェックし、令状を発付するのが原則で、捜査機関が自由に強制処分をすることはできません（199条1項・218条1項など）。これを**令状主義**といい、憲法にも定められています（憲法33条・35条）。

　警察官が捜査を終えたら、原則としてすべての事件を**検察官に送致**しなければいけません（246条本文）。ただし、検察官が指定した一定の軽微な事件は、検察官に送致せず警察限りで処分することがあります。これを**微罪処分**といいます（246条但書）。

3　公訴の提起

　被疑者を刑事裁判にかけることを**公訴の提起**（起訴）といいます。わが国では私人（一般の人たち）は起訴できず、国家機関の中でも検察官のみが起訴できることになっています。これを**国家訴追主義・起訴独占主義**といいます（247条）。

　検察官は、被疑者の性格、年齢および境遇、犯罪の軽重および情状ならびに犯罪後の情況により訴追を必要としないときは、起訴しないことができるとされています。言い換えると、検察官は一定の被疑者について、犯罪をしたことが明らかであっても起訴しないでよいという裁量を与えられています。これを**起訴便宜主義**といい（248条）、起訴しないことを**不起訴**といいます。わが国では、例年、全事件の約7割が不起訴で、公判請求（法廷での正式な審理の手続を求めて起訴するもの）が約1割、略式命令請求（罰金・科料を科すための簡易な裁判を求めて起訴するもの）が約2割になっています。

　検察官は、起訴するにあたって、**起訴状**を作成し、裁判所に提出しなけれ

156 §5 刑法を実際に適用する方法

令和4年検第205号

起　訴　状

令和4年6月23日

国士地方裁判所　殿

国士地方検察庁

検察官検事　Ｓ木正夫㊞

下記被告事件につき公訴を提起する。

記

本　籍　　○○県国士市国士1丁目×番×号
住　居　　同　上
職　業　　無　職

勾留中　甲　山　一　郎
平成10年2月16日生

公　訴　事　実

被告人は、令和4年6月4日午前11時10分頃、○○県国士市国士8丁目×番×号株式会社イエス電気国士店において、同店店長Ｆ沢五郎管理に係るブルーレイディスクプレーヤー1台（販売価格5万4,780円）を窃取したものである。

罪　名　及　び　罰　条

窃　盗　　　　　　　　　　刑法235条

ばいけません（256条1項）。起訴されることによって、被疑者が被告人になります。起訴状には、被告人の氏名その他被告人を特定するに足りる事項、公訴事実、罪名を記載しなければいけません（256条2項）。起訴状が実際にどのように記載されるかは、記載例を参照してください。

4　公　判

　法廷での正式な審理の手続を**公判**といいます。公判は原則として公開されます（憲法82条）。公判が開始されることを開廷といい、裁判長の「それでは開廷します」という宣告によって公判が始まります。

第2講 刑事訴訟法の全体像　157

　まず**冒頭手続**が行われます。冒頭手続では、裁判長が被告人の氏名等を確認する**人定質問**を行います（規196条）。その後に検察官による**起訴状朗読**、裁判官による被告人への黙秘権（**供述拒否権**）**告知**、被告人および弁護人による起訴状に記載された**公訴事実についての陳述**があります（291条1項・4項、規197条）。

　次に**証拠調べ手続**に入ります（292条）。証拠調べ手続の冒頭で、検察官が証拠により証明すべき事実を明らかにしますが、これを**冒頭陳述**といいます（296条）。被告人の身上・経歴、事件に至る経緯、事件が発覚した理由など、事件の概要が説明されます。その後、まず検察官が、冒頭陳述で述べたことを明らかにするために必要なすべての証拠について、**証拠調べ請求**をしなければいけません（298条、規193条1項）。検察官には被告人が有罪であることを明らかにする責任（**証明責任**）があります。裁判所は、被告人・弁護人の意見を聞いた上で、**証拠の採否決定**をします（規190条1項・2項）。わが国の刑事裁判では、被告人が公訴事実を争わない自白事件の占める割合が高いのですが、自白事件では被告人・弁護人の意見は「**同意**」あるいは「異議なし」で、検察官が証拠調べ請求したものがそのまま証拠として採用されることが多いです。採用された証拠は、法廷で**証拠調べ**されますが、**人証で**あれば**尋問**（304条）、**書証であれば朗読**（305条）、**物証であれば展示**（306条）の方式で行います。検察官の立証が終了すると、被告人・弁護人の立証ができますが、被告人・弁護人には無罪であることの証明責任はないので、何も立証しないでもかまいません（規193条2項）。ただし、被告人が自ら事件について説明する**被告人質問**（311条）が行われることが多いです。

　最後に**弁論手続**が行われます。まず検察官が意見を述べます（293条1項）。これを**論告**といい、併せて**求刑**も行われます。次に弁護人が意見を述べますが、これを（**最終**）**弁論**といいます。最後に被告人が陳述しますが、これを**最終陳述**といいます。以上で公判は終了し、**結審**となります。

5　判　決

　結審後、裁判所は、まず公訴事実について、法廷で取り調べられた証拠により、検察官が**合理的な疑い**がない程度にまで被告人の有罪を証明できたか

158 §5 刑法を実際に適用する方法

どうかを判断します。もし合理的な疑いがある（「犯罪の証明がない」）と考えれば、裁判所は被告人に**無罪判決**を言い渡さなければいけません（336条）。**「疑わしきは被告人の利益に」の原則**に基づくものです。

　裁判所は、公訴事実について合理的な疑いはなく、被告人が有罪だという確信に至れば、次に被告人に言い渡す刑を決めます。これを**刑の量定（量刑）**といいます。量刑の基準は、**行為責任**に基づき、他の裁判の結果との公平性が保持された適正なものでなければならないとされています（最判平成26・7・24刑集68巻6号925頁参照）。**有罪判決**が言い渡されるときは、主文として刑が言い渡されます（たとえば、「被告人を拘禁刑1年に処する」など）。

6　上　訴

　第一審（地方裁判所または簡易裁判所）の言い渡した判決に不服がある検察官あるいは被告人・弁護人は、**上訴**をすることができます。まずは**高等裁判所**に**控訴**し（372条）、高等裁判所の言い渡した判決等に不服があれば、さらに**最高裁判所**に**上告**できます（405条）。

7　刑の執行

　不服はないとして上訴がされないか、あるいは上訴ができなくなると、判決は**確定**し、有罪判決であれば言い渡された刑を執行することになります（471条）。判決が確定した事件について、被告人は再び裁判にかけられることはありません。これを**一事不再理効**といいます（憲法39条）。ただし、有罪判決が確定した被告人について無罪を言い渡すべき明らかな証拠を新たに発見した場合などに、非常救済手続として**再審**が行われることがあります（435条）。

8　裁判員裁判・犯罪被害者等に対する配慮

　一般の人たちが裁判官とともに事実認定や量刑をする裁判員制度、刑事手続における犯罪被害者等に対する配慮も重要です。裁判所や法務省のウェブサイトに詳しい説明がありますので、調べてみましょう。

Exercise

1. 捜査は何のために行うのでしょうか。捜査の後の手続と関連づけて、考えてみてください。

2. わが国で不起訴が多い理由について、調べてみてください。

3. 被告人・弁護人が検察官の証拠調べ請求に「同意」あるいは「異議なし」という意見を述べると、その後の審理はどのように進んでいくことになるでしょうか。

4. 被告人を有罪とする基準である「合理的な疑い」と、被告人の刑を決める基準である「行為責任」の意味をそれぞれ確認して、説明してください。

5. 一事不再理効があるとすれば、上訴や再審とはどのような関係に立つのか、考えてみてください。

Further Study

　本講では刑訴法の全体像を理解してもらうため、捜査から刑の執行までの手続の流れを説明しました。いきなり難しい用語がたくさん出てきて、六法で条文を読んでもさっぱり分からなかったかもしれません。まずは言葉に慣れることが重要です。だんだんと理解できるようになっていきますから、繰り返し意味を確認するようにしてください。
　捜査という用語は、みなさんも比較的なじみがあるのではないかと思います。しかし、現実の捜査は、**第1講**で学んだ「適正な手続」の要請もあって、いろいろなルールの下に行わなければならず、「真犯人を捕まえるため

なら何をやってもよい」ということはありません。そのようなルールを定めているのが刑訴法であり、刑事司法に携わる仕事を希望する人は、刑訴法をしっかり学修しておく必要があります。

ここではさらに刑訴法を勉強したい人たちのために、主な参考文献の紹介をしておきます。

まず教科書ですが、吉開多一＝緑大輔＝設楽あずさ＝國井恒志『基本刑事訴訟法Ⅰ手続理解編』（2020、日本評論社）を推薦します。設問に対する解説というスタイルで考えながら学べるようになっているほか、刑事事件の法廷で交わされるセリフを再現して、実際の場面で法律がどのように適用されているのか、初学者でも分かりやすい入門書になるように努めています。

刑訴法の判例を学ぶ上で欠かせないのが、大澤裕＝川出敏裕編『刑事訴訟法判例百選〔第11版〕』（2024、有斐閣）です。知っておくべき判例100を選んだものですが、実際には Appendix（付録）がありますので、100以上の判例が掲載されています。初学者にはやや難しいかもしれませんが、学修していくうちに理解できる判例が1つずつ増えていくはずです。

本講では起訴状しか紹介できませんでしたが、刑事訴訟の実務では法律・規則に従って多くの書類が作成されています。こういう書類の形式（書式）については、前記『基本刑事訴訟法Ⅰ』でもできる限り紹介しましたが、書式について詳しく説明している教材として、田口守一＝佐藤博史＝白取祐司『目で見る刑事訴訟法教材〔第3版〕』（2018、有斐閣）があります。

最後に刑事法を学び始めたみなさんにぜひやってほしいことは、法廷傍聴に行くことです。裁判は原則として公開されていますから、誰でも本物の事件をみることができます。本講を踏まえて裁判所に傍聴に行ってもらえば、公判でのやり取りの意味も分かるでしょう。また、機会があれば、警察署や検察庁等の見学にも行ってもらうと、具体的なイメージがつかみやすくなって、理解が進むと思います。

第3講　真相の解明と人権の保障との調整

Lecture

1　はじめに

　本講では、実際の最高裁判例を読みながら、真相の解明と人権の保障とをどのように調整するのかを考えてみましょう。素材にするのは最判昭和53・9・7刑集32巻6号1672頁で、警察官が押収した覚醒剤を証拠にできるかどうかが争われた事件です。判決の全文は裁判所のウェブサイトでも読むことができますので、全文を参照しながら以下の解説を読むようにしてみてください。

2　第一審・第二審判決

　わが国では三審制がとられており、通常の第一審裁判所は地方裁判所（裁判所法24条2号）、第二審裁判所は高等裁判所（同16条1号）、最終審が最高裁判所（同7条1号）になっています。前掲最判昭和53・9・7の「理由」は、以下のとおり、第一審である地方裁判所の判決の内容から説明を始めています（なお、読者が理解しやすいように、判決文の引用のうち、〔　〕と下線部はすべて引用者が加筆しました。また、現在は「覚醒剤」ですが、令和2年3月31日までは「覚せい剤」と表記されていたので、注意してください）。

>　第一審裁判所は、本件公訴事実中、……「被告人は、昭和四九年一〇月三〇日午前零時三五分ころ、大阪市ａ区ｂ町ｃ番地先路上において、フエニルメチルアミノプロパン塩類を含有する覚せい剤粉末〇・六二グラムを所持した」との事実（以下「本件覚せい剤所持事実」という。）については、〔前記〕

162 §5 刑法を実際に適用する方法

日時場所において被告人から差し押えた物として検察官から取調請求のあつた覚せい剤粉末（以下「本件証拠物」という。）は、警察官が被告人に対する職務質問中に承諾を得ないまま被告人の上衣ポケツト内を捜索して差し押えた物であり、違法な手続により収集された証拠物であるから証拠能力はない、また、検察官から取調請求のあつた本件証拠物の鑑定結果等を立証趣旨とする証人は、本件証拠物自体証拠とすることが許されないのであるからその取調をする必要はない、としてこれら証拠申請を却下し、捜査段階及び第一審公判廷における被告人の自白はこれを補強するに足りる適法な証拠が存在しないので、結局犯罪の証明がないことに帰するとして、被告人を無罪とした。

　これを読むと、「第一審公判廷における被告人の自白」と書いてありますので、この事件の被告人は、覚醒剤を所持していたことを裁判所で自白していたことが分かります。それなのに無罪になるのは、奇妙に感じるかもしれません。どうして被告人は無罪になったのでしょうか。
　証拠能力とは、証拠にすることができる資格のことをいいます。刑訴法では、証拠能力のない証拠は公判で証拠にすることができません。違法な手続で収集された覚醒剤粉末の証拠能力が否定されれば、検察官の手元にあっても法廷に提出することはできなくなります。そうすると裁判では、その証拠は「ないもの」として扱われます。第一審の地方裁判所は、覚醒剤粉末の証拠能力を否定したのです。なお、証拠としての価値（その証拠はどのくらい信用できるか）を**証明力**といいますが、基本的に証明力が問題になるのは証拠能力がある場合だと考えてください。
　証拠能力が否定された理由は、警察官が覚醒剤粉末を差し押さえたのは違法だと判断したからです。**第2講**でもみたとおり、**捜索**は相手方の承諾がなくても行える強制処分ですが、令状主義により、裁判官が事前にチェックして令状を発付した上で行うのが原則です。例外として、逮捕された場合には令状がなくても捜索することができる場合がありますが（刑訴法220条1項2号）、この事件で被告人から覚醒剤粉末を押収するとき、被告人はまだ逮捕されておらず、裁判官から令状も発せられていなかったから、警察官は捜索をすることはできなかったのです。それにもかかわらず捜索したことが、違

法だと判断されたのです。

　刑訴法では、民訴法と異なり、自白のみでは有罪にできない**補強法則**というルールがあります（憲法38条3項、刑訴法319条2項・3項参照）。覚醒剤粉末が証拠にならなければ、被告人の自白以外の証拠（補強証拠）がないから、補強法則が適用され、被告人は無罪とされたわけです。

　検察官は、地方裁判所の判決に不服がある場合、高等裁判所に**控訴**をすることができます（刑訴法351条1項、372条）。この事件でも、検察官は地方裁判所の判断に納得できないとして控訴しました。しかし、高等裁判所は、第一審と同様の判断をして検察官の控訴を棄却し、再び被告人を無罪としました（判決の「理由」二の（一）から（四）を参照）。

3　最高裁の認定した「事実」

　検察官は、高等裁判所の判断に不服がある場合、さらに最高裁判所に**上告**することができます（刑訴法405条）。こうして、この事件を最高裁が審理することになりました。

　①「規範」（ルール）を定立し、②そこに「事実」を「当てはめ」て、③「結論」を導くことを**法的三段論法**ということがあります。この判決を読むと、「法的三段論法」の勉強にもなります。まず最高裁が認定した「事実」からみていきましょう。

　　（1）　昭和四九年一〇月三〇日午前零時三五分ころ、パトカーで警ら中のB巡査、A巡査長の両名は、……ホテルC附近路上に被告人運転の自動車が停車しており、運転席の右横に遊び人風の三、四人の男がいて被告人と話しているのを認めた。

　　（2）　パトカーが後方から近付くと、被告人の車はすぐ発進右折してホテルCの駐車場に入りかけ、遊び人風の男達もこれについて右折して行つた。

　　（3）　B巡査らは、被告人の〔前記〕不審な挙動に加え、同所は連込みホテルの密集地帯で、覚せい剤事犯や売春事犯の検挙例が多く、被告人に売春の客引きの疑いもあつたので、職務質問することにし、パトカーを下車して被告人の車を駐車場入口附近で停止させ、窓ごしに運転免許証の提示を求めたところ、被告人はD名義の免許証を提示した（免許証が偽造であることは後

に警察署において判明）。

（4）　続いて、B巡査が車内を見ると、ヤクザの組の名前と紋のはいつたふくさ様のものがあり、中に賭博道具の札が一〇枚位入つているのが見えたので、他にも違法な物を持っているのではないかと思い、かつまた、被告人の落ち着きのない態度、青白い顔色などからして覚せい剤中毒者の疑いもあつたので、職務質問を続行するため降車を求めると、被告人は素直に降車した。

（5）　降車した被告人に所持品の提示を求めると、被告人は、「見せる必要はない」と言つて拒否し、前記遊び人風の男が近付いてきて、「お前らそんなことする権利あるんか」などと罵声を浴びせ、挑戦的態度に出てきたので、B巡査らは他のパトカーの応援を要請したが、応援が来るまでの二、三分の間、B巡査と応対していた被告人は何となく落ち着かない態度で所持品の提示の要求を拒んでいた。

（6）　応援の警官四名くらいが来て後、B巡査の所持品提示要求に対して、被告人はぶつぶつ言いながらも右側内ポケツトから「目薬とちり紙（覚せい剤でない白色粉末が在中）」を取り出して同巡査に渡した。

（7）　B巡査は、さらに他のポケツトを触らせてもらうと言つて、これに対して何も言わなかつた被告人の上衣とズボンのポケツトを外から触つたところ、上衣左側内ポケツトに「刃物ではないが何か堅い物」が入つている感じでふくらんでいたので、その提示を要求した。

（8）　〔前記〕提示要求に対し、被告人は黙つたままであつたので、B巡査は、「いいかげんに出してくれ」と強く言つたが、それにも答えないので、「それなら出してみるぞ」と言つたところ、被告人は何かぶつぶつ言つて不服らしい態度を示していたが、同巡査が被告人の上衣左側内ポケツト内に手を入れて取り出してみると、それは「ちり紙の包、プラスチツクケース入りの注射針一本」であり、「ちり紙の包」を被告人の面前で開披してみると、本件証拠物である「ビニール袋入りの覚せい剤ようの粉末」がはいつていた。さらに応援のE巡査が、被告人の上衣の内側の脇の下に挟んであつた万年筆型ケース入り注射器を発見して取り出した。

（9）　そこで、B巡査は、被告人をパトカーに乗せ、その面前でマルキース試薬を用いて〔前記〕「覚せい剤ようの粉末」を検査した結果、覚せい剤であることが判明したので、パトカーの中で被告人を覚せい剤不法所持の現行犯人として逮捕し、本件証拠物を差し押えた。

4 所持品検査に関する最高裁の「規範」と「当てはめ」

次に最高裁は、どのような場合に職務質問に付随して行われる**所持品検査**が許されるのかという「規範」を示しています。

> 警職法二条一項に基づく職務質問に附随して行う所持品検査は、任意手段として許容されるものであるから、所持人の承諾を得てその限度でこれを行うのが原則であるが、職務質問ないし所持品検査の目的、性格及びその作用等にかんがみると、所持人の承諾のない限り所持品検査は一切許容されないと解するのは相当でなく、捜索に至らない程度の行為は、強制にわたらない限り、たとえ所持人の承諾がなくても、所持品検査の必要性、緊急性、これによつて侵害される個人の法益と保護されるべき公共の利益との権衡などを考慮し、具体的状況のもとで相当と認められる限度において許容される場合があると解すべきである（最高裁判所昭和……五三年六月二〇日第三小法廷判決参照）。

下線部を読むと、最高裁は、職務質問に付随して行う所持品検査が許される「規範」として、①原則として所持人の承諾を得て所持品検査をする、②承諾がなくても、所持品検査の必要性、緊急性、これによって侵害される個人の法益と保護されるべき公共の利益との権衡などを考慮し、具体的状況のもとで相当と認められる限度であれば、許容される場合があると判示していることが分かります。この規範は、この事件より前に、最判昭和53・6・20刑集32巻4号670頁で示されたものです。

そして最高裁は、この「規範」に、先ほど認定した「事実」を「当てはめ」て、「結論」を出しています。「これを本件についてみると……」とか、「本件では……」などと書き出されている部分が、たいていは「事実」の「当てはめ」の部分になっています。

> これを本件についてみると、原判決の認定した事実によれば、B巡査が被告人に対し、被告人の上衣左側内ポケットの所持品の提示を要求した段階においては、被告人に覚せい剤の使用ないし所持の容疑がかなり濃厚に認められ、また、同巡査らの職務質問に妨害が入りかねない状況もあつたから、〔前記〕所持品を検査する必要性ないし緊急性はこれを肯認しうるところである

が、被告人の承諾がないのに、その上衣左側内ポケットに手を差入れて所持品を取り出したうえ検査した同巡査の行為は、一般にプライバシイ侵害の程度の高い行為であり、かつ、その態様において捜索に類するものであるから、上記のような本件の具体的な状況のもとにおいては、相当な行為とは認めがたいところであつて、職務質問に附随する所持品検査の許容限度を逸脱したものと解するのが相当である。してみると、〔前記〕違法な所持品検査及びこれに続いて行われた試薬検査によつてはじめて覚せい剤所持の事実が明らかとなつた結果、被告人を覚せい剤取締法違反被疑事実で現行犯逮捕する要件が整つた本件事案においては、〔前記〕逮捕に伴い行われた本件証拠物の差押手続は違法といわざるをえないものである。

　最高裁は、第一審判決とは異なり、B巡査の行為を「捜索に類するもの」として、「捜索」にあたるとまで断定しませんでしたが、所持品検査が許される「規範」からすると「許容限度を逸脱したもの」で、違法だと結論づけたわけです。

5　違法収集証拠に関する最高裁の「規範」と「当てはめ」

　最高裁は引き続き「違法に収集された証拠物の証拠能力」をどのように考えるべきかについて検討をしています。そこには、**第1講**でみた刑訴法1条が登場します。

　　違法に収集された証拠物の証拠能力については、憲法及び刑訴法になんらの規定もおかれていないので、この問題は、刑訴法の解釈に委ねられているものと解するのが相当であるところ、刑訴法は、「刑事事件につき、公共の福祉の維持と個人の基本的人権の保障とを全うしつつ、事案の真相を明らかにし、刑罰法令を適正且つ迅速に適用実現することを目的とする。」（同法一条）ものであるから、違法に収集された証拠物の証拠能力に関しても、かかる見地からの検討を要するものと考えられる。

　最高裁は、刑訴法の目的に基づいて、違法に収集された証拠の証拠能力について、次のように検討を進めていきます。

　　……刑罰法令を適正に適用実現し、公の秩序を維持することは、刑事訴訟

の重要な任務であり、そのためには事案の真相をできる限り明らかにすることが必要であることはいうまでもないところ、証拠物は押収手続が違法であつても、物それ自体の性質・形状に変異をきたすことはなく、その存在・形状等に関する価値に変りのないことなど証拠物の証拠としての性格にかんがみると、その押収手続に違法があるとして直ちにその証拠能力を否定することは、事案の真相の究明に資するゆえんではなく、相当でないというべきである。

　しかし、他面において、事案の真相の究明も、個人の基本的人権の保障を全うしつつ、適正な手続のもとでされなければならないものであり、ことに憲法三五条が、憲法三三条の場合及び令状による場合を除き、住居の不可侵、捜索及び押収を受けることのない権利を保障し、これを受けて刑訴法が捜索及び押収等につき厳格な規定を設けていること、また、憲法三一条が法の適正な手続を保障していること等にかんがみると……

　最高裁は、事案の真相を解明するという刑訴法の目的からすると、違法に収集された証拠だからといって「直ちに」その証拠能力を否定することは、相当ではないとしました。必罰主義の考え方からすれば、覚醒剤粉末を実際に所持していたのに、無罪放免にするなんて、とんでもないことだといえるかもしれません。真相を解明し、犯罪をした人を確実に処罰することは、「公の秩序」を守る上でも重要です。こうした考え方からは、違法に収集された証拠であろうと、有罪を証明できる証拠であるならば、すべて証拠として使用できるようにすべきだということになるでしょう。

　他方で、この事件では承諾もないのに、警察官が被告人のポケット内に手を入れて所持品を取り出しています。これは憲法が保障した、令状がなければ、あるいは、逮捕された場合でなければ、捜索を受けない権利の侵害にあたる可能性があります。こうした違法な手段によって収集された証拠を捜査機関が自由に使用できるとしたら、捜査機関の「やりたい放題」を許すことになり、刑訴法がもう1つの目的としている人権の保障をすることはできなくなります。人権主義の考え方からは、たとえ被告人が覚醒剤粉末を所持していたとしても、人権を保障するために、被告人を無罪放免にするべきだということになるでしょう。

168　§5　刑法を実際に適用する方法

　しかし、最高裁は、このように対立する考え方のどちらかに割り切って考えるのではなく、真相の解明と人権の保障の両者を調整しながら、以下のような「規範」を判示しました。

　　　証拠物の押収等の手続に、憲法三五条及びこれを受けた刑訴法二一八条一項等の所期する<u>令状主義の精神を没却するような重大な違法</u>があり、<u>これを証拠として許容することが、将来における違法な捜査の抑制の見地からして相当でないと認められる場合</u>においては、その証拠能力は否定されるものと解すべきである。

　下線部を読むと、最高裁が示した違法収集証拠の証拠能力に関する「規範」は、①令状主義の精神を没却するような重大な違法があり、②これを証拠として許容することが将来における違法な捜査の抑制の見地からして相当でないと認められる場合に、その証拠能力を否定するものだと分かります。
　そして最高裁は、このような「規範」に、「事実の当てはめ」をして、以下のような「結論」を出しました。

　　　これを本件についてみると、原判決の認定した前記事実によれば、被告人の承諾なくその上衣左側内ポケツトから本件証拠物を取り出したＢ巡査の行為は、職務質問の要件が存在し、かつ、所持品検査の必要性と緊急性が認められる状況のもとで、必ずしも諾否の態度が明白ではなかつた被告人に対し、<u>所持品検査として許容される限度をわずかに超えて行われたに過ぎない</u>のであつて、もとより同巡査において<u>令状主義に関する諸規定を潜脱しようとの意図があつたものではなく</u>、また、他に〔前記〕所持品検査に際し<u>強制等のされた事跡も認められない</u>ので、本件証拠物の押収手続の<u>違法は必ずしも重大であるとはいえない</u>のであり、これを被告人の罪証に供することが、<u>違法な捜査の抑制の見地に立つてみても相当でないとは認めがたい</u>から、本件証拠物の証拠能力はこれを肯定すべきである。

　違法があったとしても、それが「重大な」違法でない限りは証拠として許容してよいという最高裁の「規範」には、真相の解明と人権の保障との調整を図ろうとする考え方が現れているといえます。刑事司法の目的は、「社会の安全を適正に守る」ことにあるとすれば、人権を保障しつつ真相の解明を

第 3 講　真相の解明と人権の保障との調整　169

することが欠かせないでしょう。その調整の仕方の１つの例として、参考にしてほしいと思います。

Exercise

１．証拠能力とは何ですか。証明力とはどのような違いがありますか。

２．「社会の安全を守るためには、警察官が強制的に所持品検査をできるようにしたほうがよい」という考え方に対して、あなたの意見を述べてください。

３．法的三段論法について、本講の判例とは別の具体例を調べて、説明してください。

４．違法収集証拠について、必罰主義の立場からはどのように考えるでしょうか。また、人権主義の立場からはどのように考えるでしょうか。

５．この最高裁判決によって、覚醒剤の証拠能力が認められたとすると、この事件の最終的な結論はどうなったと考えられますか。

Further Study

本講では最高裁判例を通じて、刑訴法の目的について改めて考えてもらいましたが、同時に、判例を読む練習をしてもらうことも講義の目標としました。

判例とは、広い意味では過去に下された裁判をいい、狭い意味ではそれらに含まれる原則のうち、現在拘束力を持つものをいいます（高橋和之ほか編『法律学小辞典〔第６版〕』（2025、有斐閣）1140頁）。本講でみなさんと読んだ

170 §5 刑法を実際に適用する方法

最判昭和53・9・7刑集32巻6号1672頁は、現在も拘束力を持つ、つまり現在も裁判所をはじめとする法律家が従わなければならない規範になっている、非常に重要な判例です。この判例が最高裁で変更されない限り、違法収集証拠については本講で学んだとおりのルールで排除されることになります。

　判例を学ぶことは、法律学を勉強する上で非常に重要です。法律の条文は具体的に記載されていないことが多く、それを法解釈で補って「規範」を定立するわけですが、判例は実務において「最強」の法解釈ということができます。判例があれば、それが時代の変化によって変更されない限り、裁判に勝訴できます。また、実際の事件で法律がどのように使われているのか、判例を通じて学ぶことも有用です。

　最近では判例とまではいえない裁判例も多数収録した便利な検索システムがありますから、どんどん使ってみましょう。主な検索システムとして、①第一法規法情報総合データベース DI-Law.com、② LEX/DB インターネット TKC 法律情報データベース、③ Westlaw Japan などがあります。キーワードから関連する裁判例を検索することもできますから、知りたいテーマに関する裁判例を調べることができ、レポートや卒業論文を作成する時などにも強い味方になってくれます。また、誰でも無料で使用できる検索システムとして、裁判所ウェブサイトの裁判例検索も使用することができます。

第4講　捜査と公判との関係

Lecture

1　証拠についての基礎知識

　刑事手続の証拠には、①**人証**、②**書証**、③**物証**の3種類があります。そのほかに、㋐**供述証拠**（言葉によって事実が表現された内容が証拠になるもの）、㋑**非供述証拠**（それ以外のもの）という区別もあります。

　刑訴法は、事実の認定は、証拠に基づかなければならないとしています（317条）。これを**証拠裁判主義**といいます。被告人を川に沈めて浮かんでくるかどうかで有罪・無罪を判断するような証拠に基づかない裁判は、現在では当然ながら違法です。

　刑事裁判では検察官に**証明責任**があります。検察官が証拠によって被告人が有罪であることを証明できなければ、被告人は無罪になります。もっとも、被告人が有罪であることは、「100％間違いない」という程度にまで証明されなくてもよいことになっています。私たち人間は神様ではないから、絶対的な真実を知ることはできないからです。検察官は、証拠によって、被告人の有罪を**合理的な疑い**がない程度にまで証明しなければいけません。この「合理的な疑い」は、健全な社会常識に照らして判断されます（最決平成19・10・16刑集61巻7号677頁）。

　被告人が有罪かどうかを判断するにあたっては、**厳格な証明**によらなければいけません。厳格な証明では、**証拠能力**のある証拠しか使うことができません。また、厳格な証明では、刑訴法が定める**証拠調べ手続**に則って、裁判所が証拠調べをしなければいけません。この手続は、**第3講**でも説明しました。

2 自白法則

「強制、拷問若しくは脅迫による自白又は不当に長く抑留若しくは拘禁された後の自白」（憲法38条2項）、「強制、拷問又は脅迫による自白、不当に長く抑留又は拘禁された後の自白その他任意にされたものでない疑のある自白」（刑訴法319条1項）の証拠能力を認めないルールを**自白法則**といいます。

刑訴法は、「任意にされたものでない疑のある自白」、すなわち任意性のない自白の証拠能力を認めていません。その根拠は、虚偽の自白による誤判を防ぐため、黙秘権を保障するため、違法な捜査を抑制するため、などと説明されます。任意性とは、簡単に言えば「自分の意思に基づいて」ということですが、必ずしも「自ら進んで」ではなく、説得されて渋々自白した場合であっても、それだけで任意性は否定されないと考えられます。ここでは任意性が否定された代表的な判例を確認しておきましょう。

最判昭和41・7・1刑集20巻6号537頁は、**約束による自白**に関する事案です。被告人の弁護人が検察官と面談したところ、検察官から「素直に自白して反省すれば不起訴にすることも考えられる」と示唆されました。被告人は、弁護人からそのことを聞き、自白しました。しかし、自白した内容が想定よりも悪質だったので不起訴にできなくなり、検察官が被告人を起訴しました。最高裁は、このように検察官から不起訴にすると言われて自白した場合は、任意性に疑いがあり証拠能力がないとしました。なお、平成28 (2016) 年刑訴法改正によって**合意制度**（日本版司法取引）が認められ（刑訴法350条の2〜15参照）、現在ではその制度に則った場合に限って、不起訴の約束をして自白をさせることも認められています。

最判昭和45・11・25刑集24巻12号1670頁は、**偽計による自白**に関する事案です。夫婦で共同してけん銃等を隠し持っていたという事件で、検察官が、まず夫に対して「妻がもう自白した」と嘘を言い、夫を自白させ、その後に妻に対して「夫がもう自白した」と告げて、妻も自白させました。このような取調べのやり方を「切り違い尋問」といいますが、最高裁は、偽計によって被疑者が心理的強制を受け、虚偽の自白が誘発される疑いが濃厚であって、任意性に疑いがあるとしました。

自白法則が適用されれば、その「自白」を証拠にすることは絶対に禁止さ

れます。これには例外がありませんので、仮に弁護人がその「自白」に同意（刑訴法326条１項）しても、証拠にできません。

3 補強法則

補強法則は、憲法38条３項、刑訴法319条２項・３項に定めているとおり、自白以外の証拠がなければ有罪にしてはいけないというルールです。

その根拠は、ありもしない架空の事件であるのに自白してしまった被告人を処罰することを防ぐため、自白偏重を防ぐため、などと説明されます。**第3講**でも説明したとおり、覚醒剤取締法違反事件では、覚醒剤を所持していたという自白があっても、補強証拠として覚醒剤そのものが必要です。とはいえ、窃盗事件では、自白のほかに被害届があれば、架空の事件でないことが確認できるから、補強証拠として十分であると考えられています。補強証拠だけで有罪が明らかになることまでは必要ないと理解しておいてください。

実務上、補強法則が問題になるのは、コンビニエンスストアなどの駐車場に駐車中の自動車の運転席に乗っていたＡに警察官が職務質問をし、無免許であることが発覚したような場合です。駐車場は一般に「道路」とは言い難いので、そこにＡがいても「道路」を無免許で「運転」していた証拠になりません。Ａが「道路」を「運転」して駐車場に入ってきたことを記録した防犯カメラや、それを見ていた目撃者（店員など）がいれば、それらが補強証拠になりますが、なければＡが自白していても、「道路」を「運転」していた補強証拠がないとして、有罪にできない可能性があります。

英米法では**有罪答弁**という制度があって、被告人が起訴された犯罪について裁判官の前で有罪であると認めれば、補強証拠がなくても有罪にできます。しかし、日本の刑訴法319条３項は、「起訴された犯罪について有罪であることを自認する場合を含む」として、有罪答弁制度を禁止しています。もっとも、最高裁は、憲法は有罪答弁を否定していないと判断しており（憲法38条３項の「本人の自白」に、起訴された犯罪について裁判所の前でした自白は含まれないとした最判昭和23・7・29刑集２巻９号1012頁参照）、刑訴法を改正すれば日本でも有罪答弁制度を導入できると考えられます。

4　伝聞法則

　警察官は捜査段階で多くの書証を作成しますが、被告人・弁護人がそれに**「同意」**すれば、書証がそのまま証拠になります。自白事件が多い日本では、この同意制度が活用されています。しかし、実はこの運用は、刑訴法が定めた原則と例外を逆転させたものになっているのです。刑訴法320条１項は、321条１項から328条に規定されている場合を除いて、「書証を証拠……とすることはできない」と定めています。これは伝聞証拠を証拠にしてはいけないというルールで、**伝聞法則**ともいわれます。

　伝聞証拠とは、とりあえず、公判廷で反対尋問を受けていない供述証拠のことだと理解しておいてください。供述証拠は、知覚（見る、聞く）・記憶（いったん覚える）・表現・叙述（話す）の過程を経て公判廷に出てくるので、誤り（見間違い、聞き間違い、記憶違い、言い間違い、誇張、嘘など）が入りやすいといえます。そこで、反対当事者（検察官が請求した証拠であれば弁護人）が**反対尋問**をすることによって、その内容が真実かどうかをチェックしなければ、証拠にできないのが原則です。被疑者や目撃者から聞いた話を録取した供述調書（供述録取書ともいいます）などの書証は、弁護人の反対尋問によるチェックができないので（当たり前ですが、書面に質問しても答えてくれません）、伝聞証拠であり、原則として証拠にできません。

　しかし、伝聞証拠を証拠として使う必要性が高く（**証拠使用の必要性**）、反対尋問によるチェックと同視できるほどにその伝聞証拠を信用してよいという事情（**信用性の情況的保障**）があれば、例外的に伝聞証拠も証拠にできます。これを**伝聞例外**といいます。

　伝聞例外のひとつが、前述した**「同意」**（326条１項）です。また、弁護人が同意しない**不同意**の場合であっても、刑訴法は、321条から324条、327条および328条で、伝聞例外として証拠にできるものを列挙しています。ここでは、そのうち検察官が作成した被告人以外の者（目撃者など）の供述調書（321条１項２号）と、警察官が作成した被告人以外の者の供述調書（321条１項３号）を伝聞例外として証拠にできる場合を比較してみましょう。なお、実務では、前者を**「検面調書」**や「PS（ピーエス）」といい、後者を**「員面調書」**や「KS（ケイエス）」ということがあります。

第4講　捜査と公判との関係　　175

　条文を確認しましょう。321条1項2号・3号ともに、「供述者が死亡、精神若しくは身体の故障、所在不明又は国外にいるため……供述することができないとき」と定めています。これを**供述不能**といいます。目撃者などを取り調べて供述調書を作成したが、弁護人が不同意としたため、その者を証人尋問しようとしたところ、死亡していたことが判明した場合、証人尋問はできず供述調書を証拠として使用する必要性が高くなりますから、伝聞例外として、書証である供述調書を証拠にできるのです。

　もっとも、員面調書に適用される3号は、「かつ、その供述が犯罪事実の存否の証明に欠くことができないものであるとき」（**不可欠性**）で、「その供述が特に信用すべき情況の下にされたものであるときに限る」（**絶対的特信情況**）と要件が追加されています。したがって、員面調書に弁護人が同意しない場合は、供述不能＋不可欠性＋絶対的特信情況のすべての要件を充たさなければ、証拠にできません。この要件をすべて充たして員面調書を証拠にできるのは、極めて限られた場合になります。

　他方で、検面調書に適用される2号では、不可欠性や絶対的特信情況は要件とされていません。したがって、検察官が目撃者などを取り調べて検面調書を作成したが、弁護人が不同意とし、検察官が証人尋問をしようとしたところ、その者が供述不能になっていることが判明すれば、不可欠性や絶対的特信情況がなくても、検面調書を証拠にできます。

　さらに2号では、「公判準備若しくは公判期日において前の供述と相反するか若しくは実質的に異なった供述をしたとき」（**相反供述等**）も、証拠にすることができる場合があります。例えば、目撃者Bを取り調べたところ、「Aが被害者を殴ったのを見ました」と供述したので、その内容の検面調書を作成したが、弁護人が不同意としたため、Bを証人として尋問したところ、BはAの友人でAの前では真実を言いづらかったことから、「Aが被害者を殴ったのは見ていません」と話を変えてしまうようなことがあります。検察官は、Bの証人尋問を通じて、法廷でのBの証言よりも、Bが検察官の取調べのときに供述した内容の方が信用できること（**相対的特信情況**）を立証すれば、Bの検面調書を証拠にできます。これに対して、員面調書に適用される3号は、相反供述等の場合に供述調書を証拠にすることを認めてい

176 　§5　刑法を実際に適用する方法

ませんから、検面調書のほうが員面調書よりも証拠になりやすいということができます。

5　捜査と公判との関係

　第3講の違法収集証拠排除法則に加えて、本講では自白法則、補強法則、伝聞法則を説明しましたが、捜査官が証拠を収集し、実際には存在する証拠であっても公判では「ないもの」として扱われ、無罪になってしまう場合があることを理解してもらえたでしょうか。

　伝聞例外では、説明したとおり、検面調書の方が員面調書よりも、弁護人が不同意とした場合でも証拠になりやすいことになっています。このことは、警察官が検察官と連携し、重要な証人は検察官が取り調べて検面調書を作成するなど、公判を見据えた捜査をしなければならないことを意味します。

　刑事司法の目的は社会の安全を適正に守ることにあり、そのために捜査官が果たしている役割は大きなものだといえます。しかし、捜査官が刑訴法を正しく理解せず、適正な捜査を行わなければ、社会の安全を守ることができなくなることを、知っておいてもらいたいと思います。

Exercise

1. 「厳格な証明」をするためにはどうすればよいかを説明してください。

2. これまで自白について、どのようなルールがあると考えていましたか。自白法則について学んで、考え方に変化はありましたか。

3. 有罪答弁制度と補強法則との関係について、刑事訴訟の憲法化とも関連させながら、説明してください。

4. 伝聞法則と伝聞例外との関係について、説明してください。

5．捜査と公判との関係について、あなたが考えたことをまとめてみてください。

Further Study

　ここでは、これから学修を深めていくのに役立ちそうな、やや高度な書籍などを紹介します。

　刑訴法の条文について質問を受けることがありますが、まずは自分で調べてみる癖をつけてほしいところです。コンメンタール（ドイツ語で「逐条解説書」の意味）が役に立ちます。実務で広く使用されているのは、河上和雄ほか編『大コンメンタール刑事訴訟法〔第２版〕』（全11巻・青林書院）です。現在は一部が改訂され、第３版も出ています。よりコンパクトなものとして、松尾浩也監修『条解刑事訴訟法〔第５版増補版〕』（2024、弘文堂）や、伊丹俊彦＝合田悦三編集代表『逐条実務刑事訴訟法』（2018、立花書房）、三井誠ほか編『新基本法コンメンタール〔第２版追補版〕』（2017、日本評論社）もあります。

　警察白書や犯罪白書は、インターネットから無料で閲覧でき、警察や検察をはじめとする刑事司法の最新の状況を知ることができます。内容は毎年更新されています。実際にどのくらいの事件が起こっているかなどを知りたいときに検索してみましょう。

　レポートや卒業論文などで特定のテーマを深めたい場合には、CiNii（サイニー）という論文検索サイトで、論文を探すことができます。例えば「薬物」という用語で検索すれば、それに関連する論文がどの雑誌に掲載されているかを知ることができます。法律の学修を始めたばかりのころは、まだ論文を読むのは難しいかもしれません。教科書等で基礎的な知識を身につけたら、ぜひ挑戦してみてほしいと思います。

　自分で調べてみることで、理解が格段に深まることがあります。それによってさらに調査する技術が身につく好循環も生まれます。慌てずに少しずつ、法律の専門知識を身につけていってください。

§6 よりよい刑法のために

辰野　文理

第１講　犯罪学は何を研究するか──犯罪学へのアプローチ──
第２講　被害者の状況と被害者支援──被害者学へのアプローチ──

第1講　犯罪学は何を研究するか
——犯罪学へのアプローチ——

Lecture

1　犯罪学とは

　犯罪学は、犯罪や犯罪者を研究対象とし、犯罪原因や犯罪発生のメカニズムを明らかにすることにより犯罪を減らすことを目的とします。その研究領域は、いろいろな学問領域と重なり、学際的であるとともに複雑なものでもあります。例えば、犯罪や犯罪者を対象とする研究や調査は、法学、心理学、社会学、生物学、医学など多くの領域にみられ、さらに、教育学、地理学、都市工学、経済学とも関連する部分があります。近年ではとくに犯罪者の再犯防止や社会復帰に重きが置かれる動きを反映して社会福祉の領域と大きく重なりつつあります。一方、研究方法についても、量的に分析するアプローチや質的に分析するアプローチなど多様な方法がとられます。

　ところで、犯罪に関する領域として、刑事学や刑事政策学という学問領域もあります。これらは犯罪学に比べ、刑罰や犯罪者の処遇に比重が置かれますが、いずれもその対象とする領域は犯罪学の領域と大きく重なります。犯罪学は、これに加え、まだ犯罪を行っていない者や犯罪者の生活する社会も対象とし、さらに社会的害悪を軽減することや生活の質の維持・向上も対象や目標とすることになります。

　犯罪学が扱う領域を広義の犯罪学の視点からみると以下のとおりとなります（ただし、起源や系譜によって異なる捉え方もあります）。

182　§6　よりよい刑法のために

――――――――――― 犯罪学の領域（広義）―――――――――――

犯罪および犯罪者に関する領域　　　　　犯罪対策に関する領域
…（狭義の）犯罪学　　　　　　　　　　…刑事政策学
・犯罪現象の記述と分析　　　　　　　　・刑罰（生命刑、自由刑、財産刑）
・犯罪の原因論　　　　　　　　　　　　・刑事手続き
　生物学的要因、心理学的要因、社会学的　・犯罪者の処遇
　要因など　　　　　　　　　　　　　　・少年犯罪への対応
・犯罪理論　　　　　　　　　　　　　　・犯罪被害者の支援
　　　　　　　　　　　　　　　　　　　・犯罪予防

2　犯罪の動向

　犯罪現象の記述として犯罪動向に触れます。犯罪の動向を知るための資料として、法務省法務総合研究所が毎年発行している『犯罪白書』や警察庁の犯罪統計があります。ここでは主に犯罪白書に掲載されている図表をもとに、日本の犯罪状況をみてみます。通常、犯罪の量的な動きを知る際は、**「刑法犯認知件数」**の推移をみます。刑法犯は、刑法およびいくつかの特別法に規定する罪をいい、認知件数は、警察が発生を認知した事件の数をいいます。

　図1は、刑法犯の認知件数等の推移を示した図です（『令和6年版犯罪白書』3頁より作成）。

　図1より刑法犯の認知件数（窃盗と窃盗以外の合計値）の推移をみると、昭和56（1981）年ころから徐々に増加していたものの、平成8（1996）年以降は急激に増加を続け、平成14（2002）年には285万件を超えました。その後平成15（2003）年に減少に転じ、以後、減少が続いた結果、戦後最少の水準に至っていましたが、令和4（2022）年以降は前年を上回る状況にあります。刑法犯認知件数に占める窃盗の割合は7割前後の高い状況が続いています。

　さらに、犯罪の種類別の推移をみてみます。図2は、刑法犯の主な罪名・罪種・態様別に認知件数の推移をみたものです（『令和6年版犯罪白書』12、16、17頁より作成）。窃盗の態様は、侵入窃盗、乗り物盗、非侵入窃盗に分けられます。令和5（2023）年は、非侵入窃盗、乗り物盗の構成比が大きく、

第 1 講 犯罪学は何を研究するか　183

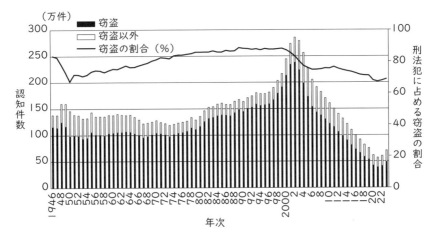

図1　刑法犯の認知件数、窃盗の認知件数、窃盗の割合の推移

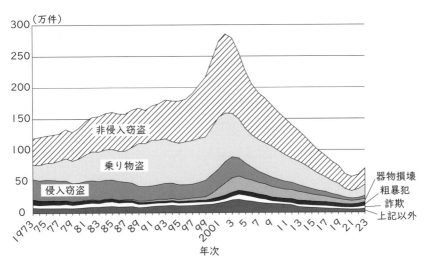

図2　刑法犯 認知件数の推移（罪名・罪種・態様別）

注　「粗暴犯」は、傷害、暴行、脅迫、凶器準備集合および暴力行為等処罰法違反をいう。

184　§6　よりよい刑法のために

次に器物損壊、粗暴犯、詐欺、侵入窃盗と続いています。なお、侵入窃盗には、空き巣、忍込み、出店荒し、倉庫荒らしなどの手口が含まれ、乗り物盗は、自転車盗、オートバイ盗、自動車盗です。そして非侵入窃盗には、万引き、車上ねらい、部品ねらい、置引きなどが含まれます。

　犯罪動向の最後に、刑法犯に含まれない**特別法犯**についてみておきます。令和4（2022）年における特別法犯の検察庁新規受理人員を構成比の高い順にみると、道路交通法違反（保管場所法違反を含まない）194,790人（70.6％）、覚醒剤取締法違反9,864人（3.6％）、大麻取締法違反7,767人（2.8％）、軽犯罪法違反7,551人（2.7％）、廃棄物処理法違反6,852人（2.5％）、銃刀法違反5,466人（2.0％）、入管法違反4,695人（1.7％）、その他38,955人（14.1％）となっています（『令和5年版犯罪白書』22頁）。道路交通法違反を除く特別法犯の検察庁新規受理人員の推移は、増減を繰り返しながら緩やかな減少傾向にあります。

　ここまで公的な統計をもとに犯罪の動向をみました。しかし、警察などの公的機関が認知している犯罪の件数と実際に起きている件数には差があることが知られています（統計に表れない犯罪の件数を**暗数**と呼びます）。また、動向について、その推移を把握することができても、その変化の理由や背景が明らかになったわけではありません。犯罪の実態を正確に把握して記述するには、さらにデータを収集したり分析をする必要があります。

3　犯罪学の研究方法

　犯罪学の研究方法は、科学的であることが求められます。それは、犯罪学の目的が何らかのあらたな事実を発見するのみでなく、犯罪を減らすための対策や施策について、それらの効果を示すことが求められることによります。そのため、根拠となる資料が客観的であることや、再現ができるようにして確認や議論ができるようにすることが必要です。そこで、犯罪学においては、データをもとに統計的な分析を行う実証的な研究が目指されてきました。インタビューなどの質的な分析においても、得られた結果の数値化を試みたり、分析の過程を明らかにするような方法がとられています。研究には、既存の資料やデータを用いる場合と、新たにデータを収集する場合があ

第1講　犯罪学は何を研究するか　185

ります。

4　犯罪理論の展開（犯罪の原因をどのように説明するか）

　犯罪学のテーマの1つに「犯罪の原因」を説明するということがあります。犯罪や非行（社会的な規範に反する行為を総称する概念であり、少年法における非行少年は、犯罪少年、触法少年、ぐ犯少年を指します）の原因としてどのようなことが考えられるでしょう。生まれながらに持っているなにかでしょうか、置かれた環境のせいでしょうか、身につけた性格や性質の問題でしょうか、あるいはその場の状況でやってしまうのでしょうか。犯罪学は、人々がなぜ犯罪を犯すのかを科学的に、そして実証的に解明しようとして、犯罪者と一般人との比較をしたり、犯罪者に特有の特性を見いだそうとしたりしてきました。

　近年は、人の出生前後から老年に至るまでを縦断的に研究する「発達犯罪学」と呼ばれる研究や、犯罪の機会に注目する「環境犯罪学」と呼ばれる研究領域があらわれて犯罪を説明しようとしています。ここでは、こうした犯罪理論がどのように展開してきたかをみていきます。

（1）　犯罪学の誕生

　実証的な犯罪学は、19世紀後半のC・ロンブローゾ（イタリアの医師）の**生来性犯罪人説**に始まるとされます。これは、犯罪者は生まれつき犯罪をするよう運命づけられており、身体的および精神的特徴を持った先祖返りした者であるという仮説です。今日からみると、奇抜な発想に思えますが、当時の諸科学（進化論、統計学、骨相学など）の研究成果を取り入れて展開したものでした。犯罪者の身体的特徴に着目する研究は、その後、**犯罪人類学**として発展します。

　一方、生まれつきの要素を重視することに批判的な立場から、犯罪の環境要因を重視する主張がなされ、「遺伝か環境か」という論争が続きます。とくにA・ラカッサーニュ（フランスの法医学者）は、経済状態を重視し、貧困が犯罪の原因になると主張しました。

　ロンブローゾの説は、その後、根拠がないことが明らかにされましたが、犯罪者を科学的に分析し、犯罪の原因を探ろうとしたアプローチは評価され

186　§6　よりよい刑法のために

ました。犯罪学は、その後、個人に焦点をあてた理論として、**犯罪生物学**や**犯罪心理学**へと展開し、他方、環境を重視する立場は、社会や集団に焦点をあてて社会学的手法を活用する**犯罪社会学**として発展してきました。

（2）　犯罪生物学的アプローチ

　犯罪生物学的アプローチは、犯罪の原因を犯罪者に特有の素質に求めるものです。犯罪の要因を遺伝的な要素に求める研究として、家系の研究、双生児の研究、養子の研究、染色体の研究があります。この中で双生児の研究は、一卵性双生児と二卵性双生児を比較して犯罪と遺伝の関係を明らかにしようとするものであり、いくつかの研究において、一卵性双生児の一致率が高いとされました。また、養子の研究においては、実父との一致率が高いとする研究があります。

　しかし、これらの研究では環境的な要因を取り除くことの難しさがあり、どこまでが遺伝の影響なのかを見極めることは難しく、遺伝と環境の相互作用を実証したに過ぎないとの見方もあります。

　犯罪生物学的なアプローチに関しては、近年、神経伝達物質（セロトニンやドーパミンなど）やホルモン（テストステロンなど）と犯罪行為との関連を調べる研究など、脳科学や神経科学によるアプローチもみられます。

（3）　犯罪心理学的アプローチ

　犯罪心理学的アプローチは、犯罪の原因を犯罪者の心理的な部分に求めます。20世紀前半に展開された犯罪心理学的アプローチの主な研究として、性格と犯罪との関係、知能と犯罪との関係、精神病質の研究、深層心理の研究などがあります。

　性格（ある人を特徴づけている持続的で一貫した行動パターン）と犯罪との関係に関する研究として、類型論的アプローチと特性論的アプローチがあります。類型論的アプローチは、特定の性格類型が犯罪と関連するかについて、性格をいくつかのタイプに分類して理解しようとするものであり、E・クレッチマー、W・シェルドン、E・ゼーリッヒらに代表されます。また、特性論的アプローチは、人の性格を多様な性格特性の集合ととらえ、犯罪者に共通する性格特性はなにかを探ろうとするものであり、グリュック夫妻やH・アイゼンクの研究があります。

第1講 犯罪学は何を研究するか　187

　知能と犯罪の関係について、H・ゴダードは、アメリカの矯正施設に収容されている者に知的障害（当時は精神障害）が多いとして、知能の欠陥こそ犯罪の最も重要な原因としました。しかし、その後の同種調査ではその割合は10%前後と低い結果でした。現在では、知能の犯罪への影響は直接的なものではなく、学校不適応などの社会的要因を媒介とする間接的なものと考えられています。また、近年は、発達障害に関する研究がみられます。

（4）　犯罪社会学的アプローチ

　社会学的要因は多岐に渡り、大きく分けると、社会全体に渡る環境的要因（社会環境）と個人を取り巻く環境的要因（社会集団）に分けられます。

　社会環境と犯罪の関係に関する研究としては、都市化と犯罪の研究、経済状況と犯罪の研究、マスメディアと犯罪の研究などがあります。社会集団と犯罪の関係に関する研究としては、家庭と犯罪の研究、学校と犯罪の研究、職業と犯罪の研究などがあります。

　犯罪社会学的なアプローチによる当初の研究として、シカゴ学派（アメリカ合衆国・イリノイ州シカゴ大学の社会学者ら）のC・ショウとH.D・マッケイの**社会解体論**があります。これによると、社会の変動がみられる一定地域で非行率が高いことや、その地域は伝統的因習や価値観が崩壊しているということから、貧困、病気、犯罪の頻発などは遺伝的な要因によるものではなく、社会規範（行動基準）による統制力の喪失の結果（環境的要因）であるとしています。

　社会の変化に伴い、反社会的な行動につながる要因にも変化があるかもしれません。社会が犯罪者に与えた影響を探る研究も視点を変化させながら続くことになります。

（5）　犯罪原因論のその後の展開

　犯罪原因論は、その後、視点の転換を図るものとして、ラベリング理論やコントロール理論が提示されました。**ラベリング理論**は、犯罪は誰かがある行為を非難し、「犯罪」というラベルを貼ることにより犯罪になる、と考えます。犯罪者としてのラベルを貼られる側と犯罪者というラベルを貼る側の相互作用を重視する考え方です。

　コントロール理論は、「なぜ犯罪をしたか」ではなく、「なぜ犯罪をしない

188 §6 よりよい刑法のために

のか」という理由を見いだそうとした理論です。犯罪を抑制する要素として
社会的なボンドをあげ、このボンドが弱まったときに犯罪が発生するとしま
した。アメリカの犯罪学者T・ハーシーは、非行を抑止するボンドとして、
愛着（attachment）、投資（commitment）、巻き込み（involvement）、信念
（belief）の4つをあげています（**ソーシャルボンド理論**）。ハーシーはその
後、M.R・ゴッドフレッドソンと**セルフコントロール理論**を提唱し、セルフ
コントロール（その時々の誘惑に対する脆弱性の程度）の低さが犯罪に影響を
及ぼすとしています。

（6）　犯罪予防論へのシフト

　その後、犯罪の原因探求に代わり、犯罪予防に比重を置く**環境犯罪学**が
1970年代から急速に発展しました。その背景には、従来の生物学的・心理学
的アプローチおよび社会学的アプローチに対する悲観論の高まりがありま
す。犯罪原因の特定が難しい上に、犯罪を減らすことに寄与していないとい
う批判がなされたためです。

　環境犯罪学は、物理的な環境や状況が持つ犯罪誘発要因を分析し、それら
を変化させることによって犯罪機会の減少を目指すものです。環境犯罪学の
主な理論として、領域性の設定や自然な監視に着目した「防犯空間理論」、
環境デザインによる犯罪防止を行う「防犯環境設計論（CPTED）」、犯罪が
起きやすい個別状況の犯罪の機会を減少させようとする「状況的犯罪予防
論」、犯罪は犯行者、ターゲット、監視者の欠如がそろうことにより発生す
るとする「日常活動理論」などがあります。

　L.E・コーエンとM・フェルソンによる**日常活動理論**は、犯罪行動の発生
に影響を与える条件や状況に着目して犯罪の起こりやすさを分析したもの
で、①動機づけられた犯行者、②適当なターゲット、③犯罪に対して有効
な監視者の不在、の3つが時間的・空間的にそろうことによって略奪的犯罪
が起こるとしています。そのため、物理的な状況変更、日常行動の変更など
の予防策で犯罪機会を減らせるとし、犯罪の防止策に重点を置きます。

　こうした犯罪対策の基礎にある理論として、犯行者が犯罪によって得られ
る利益と、捕まるリスクや捕まった後に被る不利益（刑罰）とを比較し、
「利益＞不利益」となったときに犯罪を行うとする「**合理的選択理論**」があ

ります。この理論は、行為者の合理性を前提としています。また、人はすべて犯罪を起こす可能性があることを前提としており、行為者がもつ犯罪的な傾向や特性を分析することに重点は置かれていません。

環境犯罪学に基づく対策として、玄関の鍵の数を増やす（やりにくくなる）、家の周囲の植込みの高さを低くする（見つかるリスクが高まる）などがあり、具体的な犯罪予防策との親和性が高いことが特徴です。

5　まとめ：犯罪・非行を理解し、それを予防するアプローチ

現在のところ、犯罪・非行を理解し、それを予防するためのアプローチは、大きく犯罪原因論（発達的犯罪予防）と犯罪機会論（状況的犯罪予防）にまとめることができます。

犯罪原因論は、人間の発達段階での非行化リスクに着目するものであり、なぜ人間は犯罪者・非行少年になるかを問い、犯罪予防として教育や更生支援を重視するものです。一方、**犯罪機会論**は、犯罪発生場所やその状況、さらには潜在的犯罪者の意思決定過程に着目するものであり、なぜその場所で犯罪が起きるかを問い、その状況を変えることにより犯罪を防ごうとするものです（イメージとして下図参照）。

Exercise

1. よく耳にする罪名の犯罪は増えているでしょうか減っているでしょうか。『犯罪白書』の「刑法犯 認知件数・検挙件数・検挙率の推移（罪名別）」の図を参考に、それぞれの罪名の認知件数の推移（増減）を確認してみましょう。

190 §6 よりよい刑法のために

2．犯罪の実態を正確に示し、その変化を分析することの難しさは何でしょう。

3．ハーシーの「ソーシャルボンド理論」の４つのボンドとはどのようなものでしょう。これを使い、任意の事件について、報道等の情報から分かる範囲で犯罪者の状況を説明してみましょう。

4．身の回りの犯罪予防策がどのようなことを期待して、どのようなことを防ごうとしているのかについて、「環境犯罪学」の考え方を用いて具体的に説明してみましょう。また、環境犯罪学による犯罪予防の限界を考えてみましょう。

5．犯罪原因を解明することと犯罪対策はどのような関係にあるでしょう。

Further Study

　今回は犯罪学について、どのような問題を扱う領域であるかを説明しました。一般に、犯罪のことについて、興味や関心は高いと思います。とくに社会の注目を集める事件が起きたときには、メディアは大きく取り上げ、人々は、犯罪の原因や事態の展開に強く関心を持ちます。犯罪学は、そうした話題となる事件を取り上げて解説するといったイメージがあるかもしれませんが少し違います。犯罪学は事件を論評する学ではありません。また、法解釈学でもありません。犯罪や犯罪者には共通する何かがあると考え、それを探ろうとします。犯罪がなぜ発生するのか、そしてどのような対策が効果的なのかといった課題について、調査や実験を通して、実証的に分析していこうとします。

　犯罪の原因論においては、犯罪の原因を犯罪者自身に求めるのか、その置かれた環境に求めるのか、あるいは、犯罪者ではなく、犯罪が起きる場にその原因を求めるのか、いくつもの観点があります。犯罪は、人間の行動その

ものであるため、いずれか1つの原因を特定することは困難でしょう。むしろ、ある要素を持った人間が、その生育過程で何らかの影響を受け、置かれた状況の影響を受けながら生活している中で、犯罪が起きる状況に出くわした結果起きるというのが実態です。それは、同じ要素を持っていたとしても、その後の環境によって異なった反応をすることになる可能性があることを意味します。

　犯罪行為としてある行為が表に現れたとしても、その行為に至る過程では複合的な要素が重なり合っている可能性がありますし、犯罪者自身にもそうした要素を簡単に答えられるものでもありません。そうであるならば、より多面的に多くの要素を取り上げるとともに、どのようにそれらが重なると犯罪のリスクが高まるのか、どの要素は犯罪に至る前に変えられるのか、犯罪を防ぐにはどのような方法が効果的なのか、といったことを探求していく必要があります。さらに、犯罪学においては、犯罪に対する人々の態度がどのように形成されるのか、人々の態度が犯罪の動向にどのように影響するのかといった、犯罪に対する反作用も研究対象とします。また、近年のテーマとして、再犯の防止があります。一度犯罪をした人が犯罪から遠ざかるにはどうしたらよいかを探求して再犯を抑止することは、犯罪の総量を減らすためにも重要な課題です。

　本講の最後に参考サイトと参考文献をあげます。
1．法務省法務総合研究所『(各年版) 犯罪白書』
　　法務省が毎年作成している犯罪動向と犯罪者処遇の状況に関する報告書であり、犯罪状況を知る上で重要な資料です。法務省のサイトでも閲覧できます。
　　http://www.moj.go.jp/housouken/houso_hakusho2.html
2．法務省『(各年版) 再犯防止推進白書』
　　平成28年に成立した「再犯の防止等の推進に関する法律」に基づき、平成30年版から毎年、報告書として刊行されているものです。近年の犯罪対策は再犯の防止に比重が置かれており、本白書では、法務省、厚生労働省、地方自治体等が取り組んでいる再犯防止に関する施策の状況が報告さ

192　§6　よりよい刑法のために

れています。法務省のサイトでも閲覧できます。
　　https://www.moj.go.jp/hisho/saihanboushi/hisho04_00009.html
3．岡本英生＝松原英世＝岡邊健『犯罪学リテラシー』（2017、法律文化社）
　　社会学、心理学、法学の観点から犯罪の「原因」、「統制」、「犯罪学の研究方法」について解説した入門書です。
4．守山正＝渡邉泰洋編『ビギナーズ犯罪学〔第3版〕』（2024、成文堂）
　　犯罪理論の解説を中心とした入門書です。法学、心理学、社会学といった犯罪学の伝統的研究領域に加えて、近年の動向や犯罪学の研究手法も取り上げられています。

第 2 講　被害者の状況と被害者支援
──被害者学へのアプローチ──

Lecture

1　被害者学の領域、被害者研究の流れ、テーマの変遷

　被害者学は、犯罪被害および被害者に関する問題を研究対象とする比較的新しい学問領域です。被害者学の研究には変遷がみられ、被害者の寄与や被害者特性の研究、被害実態の把握、二次被害や三次被害の概念、被害補償制度の導入や被害者の権利に関する議論、そして近年は被害者の支援に比重が移ってきています。

　当初、被害者学は犯罪学の下位概念（一分野）として始まり、犯罪被害者を犯罪の発生に寄与した者ととらえて、その有責性を明らかにしようとします。また、被害に遭った原因は何かといったことや、犯罪の発生にどのように関わったのかといった、犯罪要因としての被害者の特性が研究されました。たしかに、犯罪発生の要素には、被害者の行動や反応が入ってくることがあります。犯罪の原因を探求するのに被害者の責任や落ち度をことさら追求する意味はありませんが、犯罪現象を解明するためには、どのような行動や反応が犯罪の発生要因となりうるかということは、学問としての被害者学では取り上げる必要がある場合もあります。

　次に、被害者調査を通じて、被害実態の把握や通報行動に関心が向けられます。調査により、被害者は直接的な被害を被るだけでなく、精神的被害や刑事司法機関の過程でさらに傷つくことがあるといった実態が明らかになってきます。そこで、被害者に対する何らかの援助をすることや、刑事司法における法的地位の向上を目指す動きが出てきます。DVや児童虐待など、い

194 §6 よりよい刑法のために

わゆる被害者の発見や公式の犯罪統計だけでは不十分であることなども指摘されます。

被害者に対する支援は、心理的な支援、経済的な支援、各種制度の確立、手続きにおける配慮など、多岐にわたります。さらに、被害者自身の活動を支えることや、被害者の回復、犯罪（被害）の予防、被害者からみた犯罪の解決や犯罪者処遇のあり方など、テーマの展開がみられます。同じ現象を別の角度（被害者の視点）からみていることになり、今後も新たな観点の提供や課題の提示などが続くものと思われます。

ところで、被害者学の研究対象については、被害の範囲を犯罪被害に限定しない考え方もあります。事故や災害による被害、戦争による被害者など、個人の力ではどうにもならないことによって被る害もあります。しかし、対象とする被害の範囲が広がると、研究成果を一般化しにくくなります。本講では、犯罪の被害を取り上げます。

2 犯罪被害の状況、犯罪被害の把握

犯罪被害の実態を知る方法として、官庁が公表する統計によるものがあります。その代表的なものに、毎年、全国の都道府県警察本部の報告がもとになって作成される犯罪統計（例として『令和5年の犯罪』）があります。その一部に犯罪被害状況に関する章が設けられており、被害財物、被害者に関する罪種別の統計が掲載されています。同統計をもとにした被害者と被疑者の関係をみると（図1）、殺人の場合は親族間の割合が44.7%と他の罪種に比べて高いことが確認できます（『令和5年版犯罪白書』286頁）。

犯罪統計の数値は、警察が把握した数を示しているため、警察に届出がない被害は計上されません。特に性犯罪や家庭内の犯罪などは、被害を把握することが難しいことになります。また、被害者の数や属性は分かっても、それぞれの被害者の抱える問題や、被害者支援の効果や影響を知ることは困難です。

こうした統計の限界を補完するため、被害者を対象とした調査を実施したり、全国民を母集団としてサンプルを抽出した上で被害経験を把握する調査が行われています。

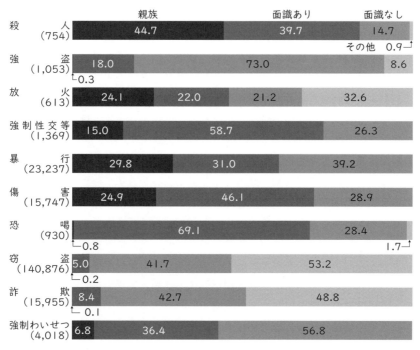

図1 刑法犯 被害者と被疑者の関係別検挙件数構成比（罪名別）2022年

注1 警視庁の統計による。
2 捜査の結果、犯罪が成立しないこと又は訴訟条件・処罰条件を欠くことが確認された事件を除く。
3 「その他」は、被害者が法人その他の団体である場合及び被害者がない場合である（殺人の「その他」は、全て殺人予備におけるものである。）。
4 （ ）内は、件数である。

3 犯罪被害者の抱える問題（経済的問題、精神的・心理的影響）

　犯罪被害者は、命を奪われる、けがをする、物を盗まれるなどの直接的な被害だけではなく、事件に遭ったことによる精神的ショックや身体の不調、医療費の負担や失職、転職などによる経済的困窮、捜査や裁判の過程における精神的・時間的負担、周囲の人々の無責任なうわさ話、マスコミの取材、報道による精神的被害など、いわゆる**二次的被害**を抱えることがあります。

　まず、経済的な問題としては、金銭や物を盗まれることによる財産的な被

害があります。財産犯罪の被害以外の場合でも、医療費や通院費、休業損害や逸失利益、生活費や教育費、民事訴訟の費用、弁護士費用、法廷への交通費、転居費用や事件現場の清掃費、葬式費用、遺体搬送費用、介護費用、車いすや義肢等の費用など、経済的な負担は多岐に渡ります。

　また、精神的被害として、事件直後に、恐怖で身体が凍りつく、感覚・感情がない、否認や否定の感情などが現れることがあります。身体的な危機反応として、交感神経の強い興奮（動悸、嘔吐、過呼吸、冷や汗など）、知覚の異常な亢進、強烈な恐怖、不安などもあります。気持ちがひどく動揺し、混乱していると感じる状態や、気持ちや感覚が自分から切り離されたような状態になる（解離性の症状）、事件に関することが頭の中によみがえってくる、神経が興奮して落ち着かない、といった状態が続く場合もあります。犯罪の被害に遭うことは、自分は安全だということや、自分は価値のある存在だという、意識していない自己と世界に対する基本的な仮説が崩れてしまうことにつながります。被害後の被害者が経験する状態は、異常な状況に対する正常な反応ともいえます。

　こうした諸症状の多くは時間の経過とともに収まっていきます。しかし、こうしたトラウマとなるような出来事を体験した後、1ヶ月以上たってもその体験の記憶が自分の意志とは無関係に思い出され、その時と同じ感情や身体の感覚を感じたり、当時の光景がみえたりすることがあります。**PTSD**（Posttraumatic Stress Disorder：外傷後ストレス障害）と呼ばれるもので、再体験の症状、回避や麻痺の症状、持続的な過剰覚醒の症状などがみられます。

4　犯罪被害者支援の流れ

　犯罪の被害者に対する支援の目的として、衣食住の確保や情報の提供といった事態を収束させること、治療や経済的支援といった回復を助けること、さらに孤立化を防ぐことや再被害を防ぐことなどがあげられます。

　政府による最初の犯罪被害者支援策は、昭和56（1981）年の犯罪被害給付金支給法の施行による経済的支援です。この制度は、殺人などの故意の犯罪行為により不慮の死を遂げた犯罪被害者の遺族または障害が残った犯罪被害

者に対して、国が犯罪被害者等給付金を支給するものです（2001年の改正により重傷病給付金を新設）。その後、「犯罪被害給付制度発足10周年記念シンポジウム」（1991年）において精神的援助の必要性が指摘されたことをきっかけに、被害者からの相談を受ける民間の被害者支援組織の設立や、被害者の実態調査を踏まえた警察など刑事司法機関による被害者支援施策導入の動きがありました。2000年以降は、犯罪被害者保護のための法整備が進み、いわゆる犯罪被害者保護二法（2000年）、児童虐待の防止等に関する法律（2000年）、ストーカー行為等の規制等に関する法律（2000年）、少年法等の一部を改正する法律（2000年）、配偶者からの暴力の防止及び被害者の保護に関する法律（2001年）が公布されます。さらに2004年、犯罪被害者等基本法が公布され、これに基づき犯罪被害者等基本計画が閣議決定されます（2005年）。同計画には、様々な犯罪被害者等施策が盛り込まれました。

5 犯罪被害給付制度

現在、**犯罪被害者等給付金**には、遺族給付金、重傷病給付金および障害給付金の３種類があります。いずれも国から一時金として給付金が支給されます。給付金の支給額は、犯罪被害者の年齢や勤労による収入の額などに基づいて算定されます。ただし、犯罪被害者にも原因がある場合や親族間での犯罪などには、給付金の全部または一部が支給されないことがあります。また、労災保険などの公的補償を受けた場合や損害賠償を受けたときは、その額と給付金の額とが調整されます。給付金の支給を受けるには、住所地を管轄する都道府県公安委員会への申請が必要となります（受付は、各都道府県警察本部または警察署）。

犯罪被害給付制度の概要は図２のとおりです（『令和６年版犯罪被害者白書』30頁）。なお、同制度の給付水準の引上げに向けた検討が警察庁において進められ、各給付金の支給最低額の一律引上げや、遺族給付基礎額の算定における加算の新設といった見直しが行われました（2024年６月15日施行）。

6 犯罪被害者等基本法

平成16（2004）年12月8日、「**犯罪被害者等基本法**」が制定され、翌年4

§6　よりよい刑法のために

犯罪被害者等給付金

遺族給付金

◎ 犯罪行為により死亡した者の第一順位遺族に支給する給付金

◎ 支給額の計算式
遺族給付基礎額 × 倍数

基礎額 … 犯罪被害者の収入に応じて算定（年齢層・生計維持関係遺族の有無に応じて最高額・最低額を設定。一定の親族が遺族給付金を受給する場合、その親族の収入によらず一定額を加算

倍数 … 生計維持関係遺族の人数に応じて決定。その年齢・人数に応じて加算

※ 犯罪被害者が死亡前に療養を要した場合は犯罪被害者負担額と休業加算額の合計額を加算。満の遺児がいる場合、生計維持関係遺族員加算額

※ 第一順位の遺族が二人以上いるときは、その人数で除した額

重傷病給付金

◎ 犯罪行為により重傷病（加療1月以上、かつ、入院3日以上を要した疾病又は負傷（精神疾患にあっては、3日以上労務に服することができない程度のもの）を負った者に支給する給付金

◎ 支給額の計算式
犯罪被害者負担額 ＋ 休業加算額

犯罪被害者負担額 … 負傷又は疾病から3年を経過するまでのその保険診療による医療費の自己負担相当額

休業加算額 … 犯罪被害者の収入に応じて算定した休業基礎額（年齢層に応じて最高額・最低額を設定）に休業日数を掛けることで算定

※ 上限：120万円

障害給付金

◎ 犯罪行為により障害（負傷又は疾病が治ったとき（その症状が固定したときを含む。）における身体上の障害（精神疾患にあってはその症状が固定したときを含む。）で、障害等級第1級～第14級程度の障害）が残った者に支給する給付金

◎ 支給額の計算式
障害給付基礎額 × 倍数

基礎額 … 犯罪被害者の収入に応じて算定（年齢層・障害等級に応じて最高額・最低額を設定）

倍数 … 障害等級に応じて決定

○ 給付金が減額又は調整される場合
犯罪被害を受けた場合であっても、犯罪が親族間で行われた場合（親族関係が破綻していたと認められる事情がある場合等を除く。）や犯罪被害者に犯罪行為を誘発する事情がある場合等がある。また、労働者災害補償保険等の公的補償や損害賠償を受けた場合や損害賠償を受けた場合は、その額と給付金の支給額とが調整されることとなる。

図2　犯罪被害給付制度の概要

月1日に施行されました。この法律は、被害者等の尊厳と権利を認め、その権利保護を図ることを目的とし、総則、基本的施策、犯罪被害者等施策推進会議から構成されています。同法の制定により、国による犯罪被害者支援が計画的に進められることになりました。まず、同法の犯罪被害者等の定義と基本理念をみてみます。

　　第2条（定義）　この法律において「犯罪等」とは、犯罪及びこれに準ずる心身に有害な影響を及ぼす行為をいう。
　　　2　この法律において「犯罪被害者等」とは、犯罪等により害を被った者及びその家族又は遺族をいう。
　　第3条（基本理念）　すべて犯罪被害者等は、個人の尊厳が重んぜられ、その尊厳にふさわしい処遇を保障される権利を有する。
　　　2　犯罪被害者等のための施策は、被害の状況及び原因、犯罪被害者等が置かれている状況その他の事情に応じて適切に講ぜられるものとする。
　　　3　犯罪被害者等のための施策は、犯罪被害者等が、被害を受けたときから再び平穏な生活を営むことができるようになるまでの間、必要な支援等を途切れることなく受けることができるよう、講ぜられるものとする。

　続く4条、5条では、国および地方公共団体に、犯罪被害者等のための施策を策定し実施する責務があることを明示しています。その上で、施策の内容として、以下の13項目を規定しています。

　相談および情報の提供等（11条）、損害賠償の請求についての援助等（12条）、給付金の支給に係る制度の充実等（13条）、保健医療サービスおよび福祉サービスの提供（14条）、安全の確保（15条）、居住の安定（16条）、雇用の安定（17条）、刑事に関する手続への参加の機会を拡充するための制度の整備等（18条）、保護、捜査、公判等の過程における配慮等（19条）、国民の理解の増進（20条）、調査研究の推進等（21条）、民間の団体に対する援助（22条）、意見の反映および透明性の確保（23条）

　さらに、これらの施策を推進するために、「**犯罪被害者等基本計画**」を定

めるものとされ（8条1項）、その基本計画に具体的な施策が盛り込まれています。「犯罪被害者等基本計画」（2005年12月27日閣議決定）は、その後、「第2次犯罪被害者等基本計画」（2011年3月25日閣議決定）、「第3次犯罪被害者等基本計画」（2016年4月1日閣議決定）、「第4次犯罪被害者等基本計画」（2021年3月30日閣議決定）が策定され、これらの計画の下で犯罪被害者等のための施策が進められてきました。

　犯罪被害者等施策とは、犯罪被害者等が、その受けた被害を回復し、または軽減し、再び平穏な生活を営むことができるよう支援し、および犯罪被害者等がその被害に係る刑事に関する手続きに適切に関与することができるようにするための施策をいいます（2条3項）。

　例として、犯罪被害給付制度の拡充、被害者参加制度の創設（2007年）、損害賠償命令制度の創設（2007年）等があります（具体的内容は下記参照）。また、カウンセリング費用の公費負担制度が整備されたり（2016年度から）、性犯罪・性暴力被害者のためのワンストップ支援センターが全ての都道府県に設置されました（2018年）。さらに、平成31（2019）年4月までに、犯罪被害者等に適切な情報提供等を行う総合的対応窓口が全ての地方公共団体に設置されました。

　進行中の第4次基本計画（2021年4月1日〜2026年3月31日）においては、地方公共団体における犯罪被害者等支援、被害が潜在化しやすい犯罪被害者等への支援、加害者処遇における犯罪被害者等への配慮の充実、様々な犯罪被害者等に配慮した多様な支援が主要な取組として掲げられています。

○ 犯罪被害給付制度の拡充

　犯罪被害給付制度は、昭和56（1981）年1月1日の「犯罪被害者等給付金支給法」の施行から20年後、支給対象の拡大や給付基礎額の引上げを中心とした抜本的な法改正がなされました（2001年7月1日施行）。さらに、犯罪被害者等基本法が成立し、同法に基づく犯罪被害者等基本計画に「犯罪被害給付制度における重傷病給付金の支給範囲等の拡大」が盛り込まれたことから、重症病給付金について、支給要件の緩和や支給対象期間の延長などを行う政令改正がなされ、親族間の犯罪における支給制限が緩和されました（2006年4月1日施行）。さらに、法律の題名が「犯罪被害者等給付金の支給

等による犯罪被害者等の支援に関する法律」に改められ（2008年4月11日成立、同年7月1日から施行）、目的の改正、休業損害を考慮した重傷病給付金の額の加算、給付金の申請期間の特例の創設がなされました。同時期に、「生計維持関係のある遺族に対する遺族給付金」と「重度後遺障害者に対する障害給付金」の引上げなどを図る政令改正もなされました（いずれも2008年7月1日施行）。

その後も、配偶者からの暴力事案等の場合における支給制限を緩和するための規則改正（2009年10月1日施行）、障害等級の一部等級を見直す規則改正（2011年7月15日施行）、親族間での犯罪に係る減額・不支給事由を見直す規則改正（2014年11月1日施行）、幼い遺児がいる場合の遺族給付金の増額や重傷病給付金の給付期間の延長、仮給付の柔軟化などを行う政令改正がなされるとともに、親族間での犯罪に係る減額・不支給事由の抜本的見直しを行う規則改正がなされました（2018年4月1日施行）。

○ **被害者参加制度**（2008年12月1日より実施）

殺人、傷害、過失運転致死傷等の一定の刑事事件の被害者等は、裁判所の許可を得て、被害者参加人として刑事裁判に参加することができる制度です。参加を許された被害者等は、証人を尋問することや被告人に質問すること、訴因の範囲内で事実または法律の適用について意見を述べることができるようになりました。

○ **損害賠償命令制度**（2008年12月26日より実施）

刑事事件を担当した裁判所が、有罪の言渡しをした後、引き続き損害賠償請求についての審理も行い、加害者に損害の賠償を命じることができる制度です。損害賠償請求に関し、刑事事件とは別の手続で民事訴訟を提起する負担が軽減されることになります。

7　刑事司法機関による犯罪被害者支援

(1)　警察と犯罪被害者

警察は、被害の届出、事情聴取、被疑者の検挙、再発防止などを通じ、犯罪被害者等と直接、そして多くの場合は最初に関わる機関です。そのため、犯罪被害者の保護や配慮が重要となります。

202 §6 よりよい刑法のために

　まず、平成8 (1996) 年2月に「被害者対策要綱」が制定され、被害者への情報提供や二次的被害の防止などに関する各種支援を総合的に推進することとなりました。その後、平成11 (1999) 年に「犯罪捜査規範」の改正がなされ、犯罪捜査に関して行う被害者への対応について規定が設けられます。被害者の安全確保の観点からは、平成13 (2001) 年に「再被害防止要綱」が出されます。さらに、第2次犯罪被害者等基本計画が閣議決定されたことを受け、おおむね5年間において特に講ずべき具体的な施策を示した「犯罪被害者支援要綱」が出されます (2011年)。その後も、第4次犯罪被害者等基本計画を受けて「警察庁犯罪被害者支援基本計画」が策定され、既に実施している取組について、より一層の充実を図るとともに、地方公共団体における条例の制定等に関する協力、被害が潜在化しやすい犯罪被害者等への相談体制の充実等の取組が盛り込まれました。

（2）　検察・裁判と犯罪被害者

　検察段階における被害者支援として、犯罪被害者への支援に携わる「被害者支援員」を全国の地方検察庁に配置しています。また、被害者が検察庁に問合せを行える専用電話として「被害者ホットライン」を全国の地方検察庁等に設けています。検察庁の「被害者等通知制度」は、被害者等に対し、事件の処分結果、刑事裁判の結果、加害者の受刑中の刑務所における処遇状況、刑務所からの出所時期などに関する情報を提供しています。

　続く公判段階での被害者支援には、①公判における犯罪被害者等に関する情報の保護、②証人尋問の際の証人への付添い、証人の遮へい、ビデオリンク方式による尋問、③傍聴の優先、④被害者参加制度、⑤心情等の意見陳述制度、⑥冒頭陳述の内容を記載した書面の交付、⑦公判記録の閲覧・コピー、⑧刑事和解（刑事手続においても民事裁判での和解と同じ効力が与えられる制度）、⑨損害賠償命令制度があります。

　また、少年審判に関連する被害者支援として、①少年事件の記録の閲覧・コピー、②被害者等の意見聴取制度、③被害者等による少年審判の傍聴、④被害者等に対する審判状況の説明、⑤審判結果等通知制度、⑥被害者等通知制度（加害少年の少年院における処遇状況や保護観察中の処遇状況など）が導入されています。

さらに、心神喪失者等医療観察法の審判に関連する被害者支援の制度として、①被害者等による審判の傍聴制度、②審判結果の通知制度があります。

（3）　矯正・更生保護と犯罪被害者

　矯正段階における犯罪被害者施策として、刑事施設や少年院において被害者の心情等を聴き取り、それを受刑者等に伝達する制度が導入されました（被害者等の心情等の聴取・伝達制度〔刑事収容施設法84条の2〕）。具体的には、刑事施設や少年院の長は、被害者等から被害に関する心情や置かれている状況等を述べたいという申出があったときは、その心情等を聴取し、受刑者の処遇要領や在院者の矯正教育計画を策定するときに被害者の心情等を考慮することとし、さらに被害者から聴取した心情等を受刑者等に伝達することの申出があったときは、指導を行うに当たり、その心情等を受刑者等に伝達すること等が制度として定められました（2023年12月施行）。

　更生保護における犯罪被害者等施策として、①意見等聴取制度（被害者等が、加害者の刑事施設からの仮釈放や少年院からの仮退院等を許すか否かの審理において、審理を行っている地方委員会に対し、仮釈放等に関する意見や被害に関する心情を述べることができる制度〔更生保護法38条〕）、②心情等聴取・伝達制度（被害者等が、加害者である保護観察対象者の保護観察期間中に、保護観察所に対し、被害に関する心情、被害者等の置かれている状況または保護観察対象者の生活もしくは行動に関する意見を述べることができ、さらに、希望により保護観察所が当該対象者にこの心情等を伝達する制度〔更生保護法65条〕）、③被害者等通知制度（地方委員会が仮釈放等審理の開始や審理結果等について、保護観察所が保護観察の開始や終了、その間の処遇状況等について、それぞれ被害者等に通知をするもの）、④相談・支援（犯罪被害者等からの電話や来庁による相談を受け、悩み、不安等に耳を傾けたり、関係機関等を紹介したりする施策）、という4つの施策があります。これらの施策は、いずれも犯罪被害者等の希望に基づき実施されます。また、これらの施策を実施するため、全国の保護観察所において「被害者担当官」および「被害者担当保護司」が配置され、これらの職員は、その任に当たる間、保護観察事件、生活環境調整事件等の加害者処遇を担当しないこととされています。

204 §6 よりよい刑法のために

8 民間団体等の被害者支援

民間団体等の被害者支援として、**全国被害者支援ネットワーク**の活動があります。北海道、石川、東京、茨城、愛知、和歌山、大阪、広島の8都道府県に設置された民間の被害者団体により、平成10 (1998) 年5月に設立されました。その後、加盟団体は年々増加し、平成21 (2009) 年7月には47都道府県すべての民間被害者支援団体が加盟することとなりました。同ネットワークでは、全国犯罪被害者支援フォーラムの開催等情報交換に関する事業、全国研修会等教育・訓練に関する事業、犯罪被害者等支援に関する調査・研究事業等を行っています。また、広報啓発に関する事業として、10月3日を「犯罪被害者支援の日」と定めて各種キャンペーンを行っています。

加盟する団体の主な活動には、電話による相談や情報提供、面接による相談、カウンセリング、直接的支援（法廷や検察庁への付き添い）、被害者を支援するボランティアの養成などがあります。

なお、同ネットワークに加盟する団体のほとんどは、各都道府県公安委員会から犯罪被害者等早期援助団体として指定を受けています。犯罪被害者等早期援助団体は、犯罪被害等を早期に軽減するとともに、犯罪被害者等が再び平穏な生活を営むことができるように支援するための事業を適切かつ確実に行うことができると認められる非営利法人です。具体的には、犯罪被害者等の支援に関する広報啓発活動、犯罪被害等に関する相談への対応、犯罪被害者等給付金の裁定の申請補助、物品の貸与または供与、役務の提供その他の方法による犯罪被害者等の援助を行っています。

また、犯罪被害当事者が立ち上げた団体が複数あり、「**自助グループ**」と呼ばれています。活動として、犯罪被害者に対する情報提供、相互援助、広報・啓発活動などが行われています（目的や活動内容は団体によって異なります）。

✎Exercise

１. 犯罪被害の実態を正確に把握することの難しさは何でしょう。公的な統

計による把握にはどのような限界があるでしょう。

2．犯罪被害者が事件後に抱える問題は、大きく分けるとどのようなことがあるでしょう。

3．犯罪被害者給付制度とは、どのような制度でしょう。

4．犯罪被害者の視点を取り入れることにより、刑事司法にどのような影響があったでしょう。

5．居住する地方公共団体の犯罪被害者等施策に関する条例を取り上げ、盛り込まれている事項を調べてみましょう。

Further Study

　今回は、被害者学がどのような課題を扱う領域であるかについて説明しました。被害にあった人の抱える課題は、被害後も続きます。とくに犯罪被害者の場合は、加害者との関係や刑事司法機関との接触などが負担となります。こうした犯罪被害者に対する支援は、大きく進展してきましたが、いまだにいくつもの課題が残っており、さらなる支援の充実が求められています。とくに、経済的な問題への対応は十分とはいえず、被害者等が加害者に民事訴訟で賠償を求めたとしても、加害者に支払い能力がない場合が多いという問題があります。加害者が死亡したケースや加害者が捕まっていないケースも賠償金を求めることが困難となります。この課題については、公的支援の拡充が必要となります。

　また、性犯罪や性暴力、児童虐待など自ら被害を訴えることが困難な被害者に対して、いかに必要な支援を届けるかという課題もあります。

　一般に、被害の形態、被害者の属性、被害者が直面している困難な状況は多岐にわたるため、個々の事情に配慮した支援が求められます。そのために

は、国、地方公共団体、関係機関、そして民間団体などが緊密に連携、協力して、きめ細かな支援を行っていく必要があります。現在、犯罪被害者等基本計画は、第4次まで進み、被害者支援の施策も充実が図られてきました。これらの施策をいかに利用しやすいものとするかが重要な点となります。

　本講の最後に参考サイトをあげます。

1．警察庁『（各年版）犯罪被害者白書』

　　平成16年に成立した「犯罪被害者等基本法」の規定に基づき、政府が講じた犯罪被害者等のための施策について、その取組状況を毎年、国会に提出する年次報告書です。平成27年版までは内閣府が報告していました。

　　警察庁のサイトでも閲覧できます。同サイトには政府による犯罪被害者等施策の紹介があります。

　・警察庁の犯罪被害者白書のページ

　　https://www.npa.go.jp/hanzaihigai/kohyo/whitepaper/whitepaper.html

　・警察庁の犯罪被害者等施策のページ

　　https://www.npa.go.jp/hanzaihigai/index.html

2．法務省のサイト「犯罪被害者の方々へ」

　　刑事手続の流れに沿って、主に検察庁の犯罪被害者等のための施策について紹介されています。

　　https://www.moj.go.jp/keiji1/keiji_keiji11.html

§7　刑法の国際比較

髙橋　正義

第１講　日中両国刑事法における歴史上の繋がりと現行刑罰制度の比較
第２講　薬物犯罪の取締りに関する日中両国刑事司法上の差異

第1講　日中両国刑事法における歴史上の繋がりと現行刑罰制度の比較

Lecture

　日本文化の特徴のひとつは、諸外国の優秀なものを継受した後、それが日本化されていくところにあります。この点は、刑事法制も同じです。古代日本は中国から唐律を継受し、それを日本化しました。そして、明治維新以降、特に第二次世界大戦後に継受し続けた近現代欧米法を日本化する過程は、今日においても続いています。本講では、日中両国刑事法制における歴史上の繋がりを整理したうえで、日中両国の現行刑罰制度を比較していきます。

1　日中刑事法における歴史上の繋がり

　中国は世界の四大文明のひとつとして、早くから文明を開き、政治権力が早い段階で形成されていました。同時に、法制度の創設と整備においても、春秋戦国時代（前770年～前476年）は成文法の始まりとされ、その時代の法は、鼎（かなえ）に銘文を記した「刑鼎（けいてい）」として施行されていたと推測されています。**律令制度（りつりょうせいど）**は漢時代（前202年～220年）において、刑事法としての「律」、民事法としての「令」、国家統治の方策としての「制」という三つの要素から成る骨組みを形成しました。隋時代（581年～618年）になると、漢時代の律令制度はさらに整備され、律・令・格・勅・詔という五つの要素からなる内容になりました。そして、唐時代（618～907年）になると、律令制度はほぼ完成の域に達して、刑事法制としての代表的なものが「**唐律**」（653年）です。この唐律は、近世ヨーロッパの刑事法典をも上回るほどに整備さ

210　§7　刑法の国際比較

れた高度な刑事法制を実現した法典です。

　唐律における刑法は、総則部分と各則部分とに分かれて、刑罰としては、**笞**（鞭や竹または板で受刑者の背中またはお尻を打つこと）・**杖**（大きな竹または棒で受刑者の背中またはお尻を打つこと）・**徒**（懲役）・**流**（遠方へ追放すること）・**死**（死刑）の**五刑**が認められています。五刑は主刑で、五刑以外の刑は従刑（現在の付加刑に当たります）と呼ばれ、中国古代以来の基本的な刑罰体系となっていました。先秦時代以前の五刑は、墨刑（入墨）・ぎ刑（鼻そぎ）・ひ刑（足切り）・宮刑（男は去勢、女は幽閉）・大辟（死刑）でしたが、紀元前3世紀には徒刑のような労役刑への発展があり、紀元前2世紀には笞刑等も現れて、流血の刑罰からの脱却傾向がみられ始めました。漢時代には、刑罰制度の改革を経て、肉刑が徐々に廃止され、流刑が発展してきました。南北朝時代になると、流刑は正式に五刑のひとつとなり、杖・鞭・徒・流・死の五刑体系が形成されました。隋・唐時代には、**笞・杖・徒・流・死**の五刑に引き継がれ、中国刑法史上において完成された刑罰体系となりました。しかし、なぜ「五刑」なのでしょうか。「五」は人間の手の指の数で、中国では古代からよく使われる「完璧」という意味も込められている数字だと考えられます。

　唐律の五刑の最大の特徴は、これまでの刑罰の多くを占めていた残酷な身体刑から脱却し、刑罰の人道化に一歩前進したことだといえます。特に自由刑・労役刑としての徒刑が広く取り入れられたことには画期的な意義があります。

　日本は中国の一衣帯水の隣国として、中国との交流の歴史は今から2000年以上前の西暦57年ごろに遡ります。刑事法制において、**大化の改新**（645年）以降、中国の律令制に倣って国家の法体制を確立する努力がなされました。唐律を参考にして制定された701年の**大宝律**と718年の**養老律**は、唐律と比較すると、刑罰が若干軽減された以外、ほとんど唐律と同一です。これによって、当時の日本は、世界水準の刑事法制を持つことになったといえます。

　専制権力下の刑事法制としての唐律は、比較的温情的なものだったため、基本的にはその後の中国の歴代王朝にも引き継がれましたが、時代の発展と共に律令制度の役割が徐々に縮小し、清時代（1636年〜1912年）では「律」

のみ編纂されるようになりました。そして、清の末期になると、アヘン戦争、太平天国の乱、日清戦争等を経て、従来の法制度を維持することに限界が露呈したため、近代型法典の編纂とその運用に必要な人材の養成が急務となりました。そのため、かつて中国の律令制に倣った日本から、岡田朝太郎・小河滋次郎・松岡義正・志田鉀太郎の4人の日本人法学者を招き、近代的な刑事や民事法典の起草作業にあたりました。そして、刑事法として中国史上初の近代意義の刑法典——「**大清新刑律**」を完成させ、1911年1月に公布されましたが、その後まもなく辛亥革命の勃発によって、1912年2月に清王朝は276年の歴史に幕を閉じ、完全に滅亡しました。もちろん、予定されていた1913年からの新法施行はありませんでした。

　清王朝の滅亡と同時に成立した中華民国は、従来の中国法制度に西欧近現代法を取り入れて、基本的な法体系を作り上げました。しかし、この中華民国法は、日中戦争後の内戦で中国共産党に敗れた国民党と共に1949年以降に台湾へ渡り、そこで適用され、改正を経ながら現在に至っています。一方、暴力で政権を奪った中国共産党は、1949年10月1日に一党独裁の中華人民共和国を建国し、法制度として、中華民国の六法全書を完全に廃棄する道を選びました。そして、中国大陸における実効支配を確立した後に、当時の社会主義国家であるソ連の**ソビエト連邦法**を手本にして法制度の整備を進めました。その後、1966年から始まった10年間の文化大革命による法制度の破壊、独裁者毛沢東死去後の1978年からの改革開放、1989年の「天安門事件」で軍による民主化運動に対する武装弾圧、1990年代以降からの経済急成長、2012年に習近平体制になってから進行し続ける世界民主陣営との対立、中国に返還された香港等既存民主社会に対する破壊等を経て、独裁国家としての形式的な法整備が急ピッチで進められています。

　本講の「刑法の国際比較」としての中国刑事法制は、中華人民共和国刑事法制とします。

2　日中両国現行刑罰制度の比較

　日本において、犯罪に対して科される刑罰の種類は法定されています（刑法9条）。それは、**主刑**としての**死刑**、**拘禁刑**、**罰金**、**拘留**および**科料**と、

主刑に付加してのみ科しうる**付加刑**としての**没収**です。害される利益により区分すれば、**生命刑**（死刑）、**自由刑**（拘禁刑、拘留）、**財産刑**（罰金、科料、没収）の三種類の刑が認められています。**身体刑**は存在しません。

　一方、中国刑法では、刑罰を、**主刑**と**付加刑**とします（32条）。主刑の種類は、㈠**管制**、㈡**拘役**、㈢**有期懲役**、㈣**無期懲役**、㈤**死刑**の 5 種類（33条）、いわゆる「新五刑」です。付加刑の種類は、㈠**罰金**、㈡**政治的権利の剥奪**、㈢**財産の没収**の 3 種類で、単独で適用することができる（34条）点において、日本の付加刑と異なります。そして、害される利益により、**生命刑**（死刑）、**自由刑**（無期・有期懲役、拘役、管制、政治的権利の剥奪）、**財産刑**（罰金、財産の没収）に区分できます。もちろん、**身体刑**は存在しません。ほかには、罪を犯した外国人に対しては、**国外追放**を単独適用または付加適用することができます（35条）。

　ここで、みなさんに馴染みのない刑種について簡単に説明します。

　　管制：管制刑は、政治的権利の行使や言論、行動等の自由に一定の制限を加えるものの、身体の自由は基本的に制限されません。自宅で生活し、元の職場等で仕事をする場合には、他の従業員と同様の報酬を受けられます。つまり、普通の生活ができますが、刑期内において、行動や移動、思想について報告する等の監視を受けます。これは共産圏に特有の刑罰ともいえます。管制刑の刑期は 3 ヶ月以上 2 年以下で、併合罪の場合には最長 3 年です。また、管制刑は最も軽い自由刑ですが、もともと収監せず社会内において執行されるので、刑の執行猶予ができません。

　　管制刑の執行機関は、これまで長い間、公安機関（警察）でしたが、2003年 7 月から司法行政機関に試験的に移行され始め、2012年より、新設した司法行政機関としてのコミュニティ矯正機構に完全に移行されました。さらに、2019年末に公布、2020年 7 月 1 日に施行された「中華人民共和国コミュニティ矯正法」に基づいて、管制刑の執行を含めたコミュニティ矯正は、全面的に法制化されました。

　　ちなみに、今日の中国の刑事法制上において広く使われている犯罪者の改善更生を意味する「矯正」という言葉は、1990年代初期に日本から輸入した専門用語で、それまでには「労働改造」という旧ソ連から輸入した言葉が長年使われていました。

第 I 講　日中両国刑事法における歴史上の繋がりと現行刑罰制度の比較　　213

拘役：拘役刑は、懲役刑と同様に自由刑でありながら、刑期・処遇等の点で有期懲役と区別されます。拘役の刑期は 1 ヶ月以上 6 ヶ月以下、併合罪の場合には最長 1 年であるのに対し、有期懲役の刑期は 6 ヶ月以上15年以下、併合罪の場合には最長25年です。拘役刑の執行場所は居住地または裁判地に最寄りの拘置施設で、公安警察により執行されるのに対して、有期懲役は刑務所で、矯正職員（中国では司法警察といいます）により執行されます。また、拘役の判決を受けた犯罪者は、執行期間中において、毎月 1 日または 2 日帰宅することができます。さらに、労働作業に参加した場合には、一定の報酬を得ることもできます。なお、拘役刑を受けたことでは累犯を構成しません。

　ちなみに、中国刑法第72条に基づいて、自由刑の中で執行猶予を適用できるのは、拘役刑と 3 年以下の有期懲役刑のみです。

3　中国の死刑

　中国は日本と同様に死刑制度を存続させており、執行件数は世界で最も多いとされています。しかし、中国は死刑執行件数を国家秘密として公表しておらず、正確な件数は明らかとなっていません。また、死刑の執行方法については、日本は絞首により行われると定めている（刑法11条 2 項）のに対し、中国は銃殺または注射等の方法によりこれを執行すると定めています（刑事訴訟法252条 2 項）。

　ここ数年、死刑問題は中国刑事法分野において特に注目されている重要問題のひとつです。今の死刑制度には以下の問題点があると考えられています。

　第一に、死刑を最高法定刑として定める犯罪が増加傾向にあります。日本等の先進国に比べ、中国の刑法には死刑を適用する犯罪が遥かに多くあります。中国の旧刑法（1979年）の中で、死刑を適用する犯罪は27罪名がありましたが、その後の「特別刑法」等の実施により、1997年の刑法改正前までには、その数は71罪名にも上りました。1997年の刑法改正においても、その数は大きく減らされず、68罪名に変更された程度でした。この状況に対し、専門家や学者および国際社会からは、「死刑濫用」、「人権侵害」と厳しく指摘する声が上がり続けました。その後の刑法改正案八（2011年）では、このよ

うな指摘を考慮し、死刑を適用する犯罪を55罪名までに減らし、刑法改正案九（2015年）では、さらに減らされ、現行刑法の46罪名（図1を参照）になりました。ちなみに、日本の現行刑法では、死刑を適用する犯罪は18罪名があり、中国の半分以下です。

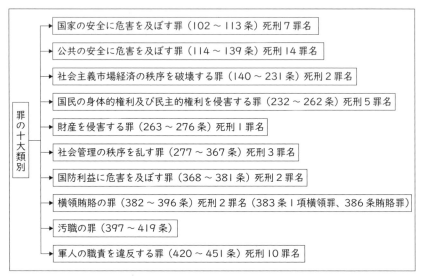

図1　中国現行刑法典の死刑罪名数一覧

　第二に、刑法の総則と各則の内容が矛盾しています。総則では死刑の適用は厳しく制限すると謳っているのに対し、各則では死刑の適用範囲がかなり幅広く、両者は明らかに矛盾しています。各則の条文をみると、故意の殺人罪のような暴力的犯罪のほかに、経済犯罪および横領賄賂犯罪、薬物犯罪等の非暴力的犯罪に対しても、死刑が最高法定刑（図1を参照）として定められており、厳罰主義が目立ちます。

　第三に、死刑の執行件数が常に世界のトップレベルとなっています。前述したように、中国は死刑執行件数を公表しておらず、正確な件数は明らかとなっていませんが、アメリカに拠点を置く人権団体「中米対話基金」の推定数字によると、2000年から2010年までに毎年1万件以上から5000件ほどの死刑執行がありました。2011年以降には執行件数が減少に転じたものの、毎年

の執行件数は少なくとも2000件以上に達しています。もちろん以上の数字はあくまでも推定数字なので、実際の執行件数に合致するものではありません。これに対して、日本は死刑執行件数を明確に公表しています。「検察統計年報」の統計から2000年以降の執行状況をみると、2008年と2018年には各15名の死刑執行がありましたが、それ以外は毎年一桁または0件の執行件数で、中国とは比べものにならないほど少ないです。

　第四に、冤罪による死刑執行が多発しています。共産党一党独裁の中国では、三権分立が認められていません。死刑は犯罪の撲滅と政権の維持に最大の効果があると政権中枢が確信しているため、死刑の適用が特に庶民の犯罪者に多用されています。そして国内犯罪に対する「迅速な逮捕、迅速な裁判、迅速な判決」を掲げる「厳打（厳しく打撃する）キャンペーン」が頻繁に行われるため、杜撰な取り調べと裁判が行われ、冤罪死刑事件は枚挙にいとまがありません。2016年末に明らかになった「聶樹斌冤罪事件」は中国国内のみならず、海外にも大きな衝撃を与えました。この「聶樹斌冤罪事件」とは、1994年8月に中国河北省石家荘市郊外で発生した強姦殺人事件です。事件の審理は、1995年に中国政府が発動した「厳打キャンペーン」期間中であったため、犯人とされた当時20歳の聶樹斌さんは、極めて杜撰な刑事手続きによって自白を強要され、自白以外の証拠のないまま、異例のスピード裁判で、二審判決が出されたわずか2日後に、全く事件と無関係であったにもかかわらず、21歳未満の若さで死刑を執行されました。これは中華人民共和国の歴史上、最も有名な冤罪のひとつとなり、「厳打キャンペーン」による不公平裁判の代表的な事件といわれています。

　第五に、死刑執行猶予2年付きの公平性に疑問があります。中国の死刑は、即執行と執行猶予2年付きの2種類がありますが、判決と執行の2つの側面から公平性が疑問視されています。

　まずは判決の側面です。前述したように中国の現行刑法では法定最高刑として死刑を適用する犯罪は46罪名があり、その中で犯罪主体の多くは共産党の上級幹部や高級公務員である経済犯罪と横領賄賂犯罪も死刑の適用対象になっています。しかし、近年の「反腐敗キャンペーン」中に摘発された共産党の上級幹部や高級公務員の犯罪者に対しては、仮に犯罪金額が億単位以上

216 §7 刑法の国際比較

であっても、地位が高ければ高いほど死刑即執行の判決が下されません。一方、死刑を適用する犯罪をした庶民犯罪者に対しては、犯罪原因も配慮されずに死刑即執行の判決を安易に下す傾向があるといえます。

　次は執行の側面です。即執行と執行猶予 2 年付きの執行結果には大きな差が生じます。死刑執行猶予 2 年付きの場合には、猶予期間内に故意の犯罪がなければ、 2 年の猶予期間満了後に無期懲役に減刑されます。さらに、手柄を立てて認められた場合には、 2 年の猶予期間満了後に有期懲役25年に減刑されます（刑法50条）。しかし、中国の無期懲役は、本当の意味での終身刑ではなく、日本にない減刑制度を適用して 2 年の猶予期間満了後に無期懲役に減刑された場合には、最短27年で出所することができます。 2 年の猶予期間満了後に有期懲役25年に減刑された場合には、最短22年で出所することができます（刑法78条 2 項）。たとえば、死刑が言い渡された同じ20歳の被告人ＡとＢに、Ａが死刑即執行で、Ｂが死刑執行猶予 2 年付きで、それぞれ刑が確定されたとします。Ａは間もなく死刑が執行され、命が即時に奪われるのに対し、Ｂは 2 年の執行猶予期間を経て無期懲役または有期懲役25年に減刑され、さらに減刑制度を適用されることによって、最短で合計27年または22年の服役生活を経て47歳または42歳頃には社会復帰できます。この現状に対し、刑罰の公平性が疑問視される余地があり、本当の意味での終身刑を創設する意見も出ています。

　一方、2011年 5 月の改正刑法（八）の50条 2 項には、死刑執行猶予 2 年付きの判決が言い渡された累犯および故意殺人、強姦、強盗、拉致、放火、爆発、危険物質の投与および組織的暴力犯罪等の罪で、死刑執行猶予 2 年付きの判決が言い渡された者に対して、 2 年の猶予期間満了後に裁判所が犯罪の情状に基づいて減刑制度適用の制限を決定することができると規定されていますが、明確な基準がなく、罪刑法定主義原則に反する可能性があります。

　終身刑の創設については、2015年 1 月の改正刑法（九）の383条 3 項および386条には、汚職罪と収賄罪の刑の執行について初めて「終身監禁」が規定されました。それによれば、汚職罪と収賄罪を犯し、関わる金額が巨額で且つ情状が非常に重大である場合には、裁判所が被告人に対して死刑執行猶予 2 年付きの判決を言い渡すと同時に、 2 年の猶予期間を経過して無期懲役

に減刑された後、終身監禁をし、減刑や仮釈放をしてはならないと決定することができると、この２つの罪名の受刑者に限って、行刑実務上の終身刑を創設しました。しかし、その真の目的は、終身刑の創設より、むしろ習近平政権による選択的な反腐敗キャンペーンの一環として、特定の政敵を徹底的に潰す手段にすぎないと考えられます。

　以上、日中両国の刑事法制の歴史上の繋がりおよび今日の両国の刑罰制度の比較ならびに中国死刑制度の問題点について簡単に紹介しました。みなさんがこれまでに覚えた刑事法の専門知識で考えてみてください。

Exercise

1．「唐律」とは、どのような法典ですか。

2．「唐律」に規定された「五刑」とは何ですか。また、「五刑」にはどのような意義がありますか。

3．「唐律」を継受した日本の律は何ですか。

4．中華人民共和国の法制度と従来の中国法制度との関係について考えてください。

5．中国の死刑執行猶予２年付きの問題点について考えてください。

Further Study

　本講では、①日中刑事法の歴史上の繋がり、②日中刑罰制度の差異、③中国刑罰制度の現状と問題点、について簡単に説明しました。本講の内容は、範囲が広くて抽象的なものが多いかもしれませんが、これから刑事法の国際

比較、とりわけ日中刑事法の比較を学修していくにあたって、覚えてほしい基礎的な内容ですので、しっかり理解しておいてほしいと思います。

中華人民共和国は日本の大きな隣人で、双方交流の歴史も長いですが、今の両国は国の基本制度において根本的な相違があるため、様々な摩擦も生じています。しかし、中国との付き合いは日本にとっては避けられないことであって、相手を知ることは非常に重要なことではないでしょうか。特に、近年、日中両国の人的往来が非常に多く、それに伴って来日または在日中国人による犯罪やトラブルも無視できない問題になっています。警察官や他の刑事司法分野の公務員になりたいと考えている人にとっては、中国刑事法を理解しておくことは将来の職場において自分の強みになると考えられます。また、経済面において、中国は世界で一番か二番の人口が多い国で、日本にとってとても大きな市場でもあるので、民間企業に就職したいと考えている人にとっても、中国の刑事法や社会実情を知ることは、将来ありうる中国との取引や中国出張の際にきっと役に立つと考えられます。

本講の内容で、中国刑事法のことまたは中国社会のことをもっと知りたいという人達のために、以下の参考文献を紹介したいと思います。

まず、入門の本として、高見澤磨＝鈴木賢＝宇田川幸則＝坂口一成『現代中国法入門〔第9版〕』（2022、有斐閣）をお勧めします。この本の第1篇総論部分は中国法の歴史の流れについて分かりやすく書かれており、事前に読んでおくと、講義の内容に対する理解もしやすくなると思います。また、第2篇各論部分の第9章「犯罪と法」を読んで、中国の現行刑罰制度について理解していただきたいと思います。

次に、さらに専門的な本として、坂口一成『現代中国刑事裁判論』（2009、北海道大学出版会）、小口彦太＝田中信行『現代中国法』（2006、成文堂）、小野義秀『日本行刑史散策』（2002、財団法人矯正協会）をお勧めしたいと思います。時間の余裕があれば、読んでみてください。『現代中国刑事裁判論』は、中国の刑事裁判の全体像について書かれていますが、特に「I裁判の実像——厳打を素材に」の部分を読んで、厳打キャンペーンについて理解していただきたいと思います。『現代中国法』は、中国法の形成と構造、政治体制、中国法の全体像について書かれています。興味のある方はぜ

ひ読んでみてください。また、『日本行刑史散策』は、日本の行刑の歴史について詳しく書かれています。本講の内容に関連して、特に「近代的自由刑の成立」の一と二の部分を読んでいただきたいと思います。

第2講　薬物犯罪の取締りに関する日中両国刑事司法上の差異

薬物犯罪は、国または国際的な薬物禁止に関する法規に違反し、薬物の規制を破るもので、刑法によって処罰すべき行為です。薬物犯罪はどの国においても多発する主要犯罪のひとつですが、国によっては罪名の規定や刑罰の重さが大きく変わります。本講では、日中両国薬物犯罪の実情と法の規制を論じたうえで、薬物犯罪の取締りに関する日中両国刑事司法上の差異を整理していきます。

1　日本の薬物犯罪と刑罰

日本において、薬物犯罪といえば、「**薬物四法**」・「**薬物五法**」（図1を参照）という言葉があります。薬物犯罪とは、法令によって規制されている薬物の輸出入、製造、栽培、譲渡・譲受、所持および自己使用等の行為（図2を参照）です。これらの行為は、社会全体に損害をもたらすだけでなく、使用者個人の心身をもむしばむことになるので、厳しい刑事罰の対象となっています。

図3の薬物犯罪に対する日本の刑罰規定をみると、営利目的の覚醒剤・ヘロインの輸出入・製造犯罪に対する刑罰が最も厳しく、法定最高刑は無期懲役ですが、中国や東南アジア諸国に比べて、自己使用の場合を除けば、比較的軽いと感じられます。

【**事件ファイル**】150キロ超の覚醒剤をタイから船舶で密輸したとして、覚

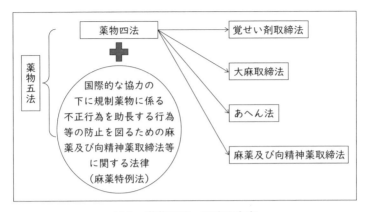

図1　薬物四法・五法の内容

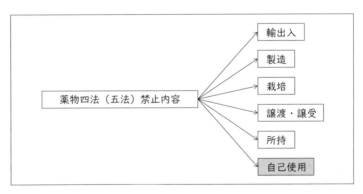

図2　薬物四法・五法の禁止内容

醒剤取締法違反などの罪に問われたイラン国籍の貿易会社役員の被告人の裁判員裁判の公判が、2020年2月14日に横浜地裁で開かれました。被告人は密輸への関与を否定し無罪を主張しましたが、裁判所は「極めて多量の覚醒剤輸入に不可欠な役割を果たした」として、懲役23年、罰金1000万円（求刑懲役25年、罰金1000万円）を言い渡しました。公判では、ココナツ炭の輸入に携わっていた被告人が、荷台として使われた木板の内部に覚醒剤が隠されていたことをあらかじめ認識していたかが争点となりました。裁判所は判決理由で、ココナツ炭の輸入前に被告人が連絡を取っていた相手が密売組織の関

222 §7 刑法の国際比較

図3 薬物犯罪に関する刑罰の規定

法律名	主な禁止行為	刑罰規定（令和6年11月現在）
覚せい剤取締法	輸出入、製造	1年以上の懲役。営利目的の場合：**無期又3年以上**の懲役。情状により1000万以下の罰金を併科
	譲渡、譲受、所持	10年以下の懲役。営利目的の場合：1年以上の懲役。情状により500万円以下の罰金を併科
	使用	**10年以下の懲役**
大麻取締法	輸出入、栽培	7年以下の懲役。営利目的の場合：10年以下の懲役。情状により300万円以下の罰金を併科
	譲渡、譲受、所持	5年以下の懲役。営利目的の場合：7年以下の懲役。情状により200万円以下の罰金を併科
	関係規定に違反して使用	**5年以下の懲役**
あへん法	ケシの栽培、あへんの採取	1年以上10年以下の懲役。営利目的の場合：1年以上の懲役。情状により500万円以下の罰金を併科
	あへん又はケシガラの輸出入	
	あへん又はケシガラの譲渡、譲受、所持	7年以下の懲役。営利目的の場合：1年以上10年以下の懲役。情状により300万円以下の罰金を併科
	使用	**7年以下の懲役**
麻薬及び向精神薬取締法	ヘロイン等の麻薬の輸出入、製造	1年以上の懲役。営利目的の場合：**無期**又は3年以上の懲役。情状により1000万円以下の罰金を併科
	ヘロイン等の麻薬の譲渡、譲受、所持	10年以下の懲役。営利目的の場合：1年以上の懲役。情状により500万円以下の罰金を併科
	関係規定に違反して使用	**10年以下の懲役**
	ヘロイン以外の麻薬の輸出入、製造	1年以上10年以下の懲役。営利目的の場合：1年以上の懲役。情状により500万円以下の罰金を併科
	ヘロイン以外の麻薬の譲渡、譲受、所持	7年以下の懲役。営利目的の場合：1年以上10年以下の懲役。情状により300万円以下の罰金を併科
	関係規定に違反して使用	**7年以下の懲役**
	麻薬原料の輸出入、製造	1年以上10年以下の懲役。営利目的の場合：1年以上の懲役。情状により500万円以下の罰金を併科
	麻薬原料の譲渡、譲受、所持	7年以下の懲役。営利目的の場合：1年以上10年以下の懲役。情状により300万円以下の罰金を併科

関係規定に違反して使用	7年以下の懲役
向精神薬の輸出入、製造	5年以下の懲役。営利目的の場合：7年以下の懲役。情状により200万円以下の罰金を併科
向精神薬の譲渡、譲渡目的の所持	3年以下の懲役。営利目的の場合：5年以下の懲役。情状により100万円以下の罰金を併科

係者だったことや、荷物の到着後に被告人自身が木板から隠匿物を繰り返し取り出していた点などを指摘したうえで、密売組織と被告人の協力関係を認定し、「被告人は遅くとも覚醒剤が輸出された時点で木板に違法薬物が隠されていたことを認識していたと強く推認される」と述べました。また、判決等によると、被告人は何者かと共謀して2018年9月19日に覚醒剤約50キロを隠し入れた木板をタイの港で貨物船に積み込んで横浜港に密輸したほか、同10月16日にも同様の手口で覚醒剤108キロ余りをコンテナ船で横浜港に密輸したことから、その犯行の悪質性が顕著に現れています。（神奈川新聞2020年2月14日〈https://www.kanaloco.jp/news/social/entry-271377.html〉参照）

　上記【事件ファイル】のように、営利目的の覚醒剤・ヘロインの輸出入・製造犯罪に対する法定最高刑は無期懲役ですが、実際の判決は中国および東南アジア等の国と比較してみれば、かなりの寛大さが見受けられます。これは、日本において薬物の密輸が多発する原因のひとつと考えられます。

2　中国の薬物犯罪と刑罰

　中国においては、規制薬物の密輸、密売、輸送、栽培、製造、不法所持、他人に対する薬物使用の誘引・教唆、他人に対する薬物使用の便宜の提供等（図4を参照）は、すべて犯罪行為ですが、自己使用行為は犯罪ではありません。

　日本の自己使用以外の薬物犯罪に対する刑罰と比較してみると、中国の刑罰はかなり厳しいもので、情状についても細かく規定されています。

　薬物の密輸・密売・運搬・製造に関する罪の量刑について、中国刑法第347条および最高裁判所の「薬物事件の認定・量刑基準に関する諸問題の解

224 §7 刑法の国際比較

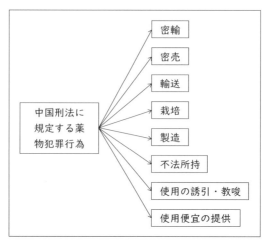

図4 中国における薬物犯罪の内容

釈」には、以下のように規定されています。

　1．刑法第347条2項および最高裁判所の「薬物事件の認定・量刑基準に関する諸問題の解釈」に基づき、以下の情状のいずれかに当てはまる者は15年の有期懲役、無期懲役または死刑に処し、財産の没収を併科する。
　　①1キログラム以上のアヘン、50グラム以上のヘロインまたはメタンフェタミンおよび大量のその他の薬物を密輸・密売・運搬・製造した者。大量のその他の薬物とは、アンフェタミン類（メタンフェタミンを除く）薬物100グラム以上、液体大麻（ハシシオイル）5キログラム・大麻樹脂（ハシシ）10キログラム・乾燥大麻（マリファナ）150キログラム以上、コカイン50グラム以上、モルヒネ100グラム以上、デメロール250グラム以上、中国製トリカブト類人工合成強力鎮痛剤（Dihydroetorphine Hydrochloride Tablets）10ミリグラム以上、カフェイン200キログラム以上、ケシ200キログラム以上をいう。
　　②薬物の密輸・密売・運搬・製造集団の主犯となる者。
　　③武装警護により薬物を密輸・密売・運搬・製造した者。
　　④暴力を用いて、検問・勾留・逮捕を拒む、悪質とみなされた者。
　　⑤組織的な国際薬物密売に参加した者。
　2．刑法第347条3項および最高裁判所の「薬物事件の認定・量刑基準に関す

る諸問題の解釈」に基づき、200グラム以上１キログラム未満のアヘン、10グラム以上50グラム未満のヘロインまたはメタンフェタミンおよび多量のその他の薬物を密輸・密売・運搬・製造した者に対し、７年以上の有期懲役に処し、罰金を併科する。多量のその他の薬物とは、アンフェタミン類（メタンフェタミンを除く）薬物20グラム以上100グラム未満、液体大麻（ハシシオイル）１キログラム以上５キログラム未満・大麻樹脂（ハシシ）２キログラム以上10キログラム未満・乾燥大麻（マリファナ）30キログラム以上150キログラム未満、コカイン10グラム以上50グラム未満、モルヒネ20グラム以上100グラム未満、デメロール50グラム以上250グラム未満、中国製トリカブト類人工合成強力鎮痛剤（Dihydroetorphine Hydrochloride Tablets）２ミリグラム以上10ミリグラム未満、カフェイン50キログラム以上200キログラム未満、ケシ50キログラム以上200キログラム未満をいう。

３．刑法第347条４項および最高裁判所の「薬物事件の認定・量刑基準に関する諸問題の解釈」に基づき、200グラム未満のアヘン、10グラム未満のヘロインまたはメタンフェタミンおよび少量のその他の薬物を密輸・密売・運搬・製造した者に対し、３年以下の有期懲役、拘役または管制に処し、罰金を併科する。情状の重い者は３年以上７年以下の有期懲役に処し、罰金を併科する。情状の重い者とは、以下のことをいう。

　①140グラム以上200グラム未満のアヘン、７グラム以上10グラム未満のヘロインまたはメタンフェタミンおよび一定の量のその他の薬物を密輸・密売・運搬・製造した者。

　②実行犯が国家公務員であること。

　③戒毒所等の強制収容場所において、薬物を密売した者または複数の人にあるいは数回にわたり薬物を密売した者。

以上のように、中国においては、薬物の密輸・密売・運搬・製造行為に対して法定最高刑は死刑という厳しい量刑基準が設けられており、死刑判決も非常に多く下されています。また、中国において、薬物の密輸・密売・運搬・製造等の犯罪の多くは、貧困問題と密接に関係しています。中国国内のある研究者の話によると、1990年代前後の十数年来、東南アジアと国境を接する中国南部雲南省等の少数民族の居住する貧しい村では、働き盛りの男性をあまり見かけない風景をよく目にします。そのほどんどが薬物運搬等の薬

226 §7 刑法の国際比較

物犯罪で死刑が執行されたためです。薬物犯罪に手を染めた原因は、もちろん犯罪組織の関与等にありますが、このような少数民族が居住する貧しい地域では、中国の急激な格差の広がり、つまり著しい貧困もその一因ではないかと考えられます。このような状況の中で、若い女性も生活のために同じ犯罪に手を染めています。1991年10月に、雲南省徳宏タイ族チンプオ族自治州出身の若い女性が薬物運搬罪に問われ、女性として史上最年少の20歳で死刑が執行された事件に国民の関心が寄せられました。この事件を受けて、中国の一部の刑事法学者は、薬物運搬罪の量刑基準に対して疑問を投げかけました。すなわち、単なる薬物運搬行為は他の営利目的の薬物犯罪の幇助行為に過ぎないから刑を軽くすべきであるとして、死刑の回避を主張しています。しかし、法改正の動きは未だに出ていません。

3　中国における外国人の薬物密輸事犯者に対する死刑執行の現状

　前述したように、中国の薬物犯罪に対する司法の対応を日本と比べてみると、製造・運搬・密輸・密売等の営利を目的とする薬物犯罪に対する処罰は、死刑も安易に適用するほどかなり厳しいものです。2008年には中国最高裁判所から死刑の適用に関する新たな指針が下級裁判所に出され、外国人を特別扱いしない方針も確認されています。これは、営利目的の薬物犯罪に対する厳罰の姿勢を世界に示すものである一方で、内外に対する「大国意識」誇示の意味合いも読み取れます。つまり、今日の中国は、国力増強によって、死刑等の厳罰に対する外国の反応に配慮する姿勢を採る必要がなくなっているのです。中国において今まで摘発された薬物取引犯罪者の国籍は十数カ国にも及びますが、実際の死刑執行は2000年代に入ってからのことでした。外国人薬物事犯者の死刑執行状況を整理してみると、2001年9月に薬物製造密輸密売罪で韓国人の申玉斗氏（41歳没）に対して死刑が執行されているほか、2009年12月に薬物密輸罪でイギリス人のアクマル・シャイク氏（53歳没）に対してイギリス政府の持続的な温情対応要請を無視した形で死刑が執行されています。そして、2010年4月の薬物密輸罪での日本人4人に対する死刑執行によって、これまで少なくとも16人の薬物犯罪の外国人に対して死刑が執行されています。さらに、2023年12月には新たに薬物密輸罪で2人

のフィリピン人に対して死刑が執行されています。

　上記の日本人4人の元死刑囚はどのような犯行で罪を問われ、死刑の即時執行は本当に妥当であったかどうか、検証する必要があると思います。

① **赤野光信元死刑囚（65歳没、大阪出身）**

　2006年7月10日、中国遼寧省大連市警察当局が摘発した中韓混成薬物密売グループの供述から、覚醒剤の買い手である赤野元死刑囚が浮上し、中国に入国する時から警察にマークされました。9月の初めに、赤野元死刑囚は中国国内の薬物密売人からメタンフェタミンを入手した後、すぐに日本国内にいる石田育敬氏（共犯、懲役15年、服役中）を大連に呼び出し、一緒に日本に密輸しようと共謀しました。同20日に大連国際空港から大阪関西国際空港に向けて帰国しようとしたところ、税関で覚醒剤を茶筒に隠し持っているところを発見されました。荷物検査の結果、赤野の荷物からメタンフェタミン1544.2グラム、石田の荷物からメタンフェタミン1008グラムが押収されました。現地の捜査当局によれば、赤野元死刑囚は、北朝鮮と隣接する遼寧省丹東市や吉林省延辺朝鮮族自治州延吉市など国境の町を訪問しており、2人から押収したメタンフェタミンは、粗悪品の中国製ではなく、国営企業製造による純度の高い北朝鮮製でした。中国の警察関係者の話によると、これらの中国に密輸された北朝鮮製覚醒剤の9割は北朝鮮の朝鮮人民軍が関与しており、同国軍には覚醒剤製造を任務とする部隊すら存在するといいます。

　なお、この事件の中で、赤野元死刑囚は明らかに主犯格で、押収量も多く、中国刑法に照らし、死刑即時執行の判決はやむをえないと考えられます。

② **武田輝夫元死刑囚（67歳没、名古屋出身）**

　武田元死刑囚は、名古屋市で発生した刀剣収集家強盗殺害事件で、実行犯に盗みを教唆したとして、1999年に懲役3年の実刑判決を受けた前科があります。出所後の2002年から2003年にかけて、愛知県や福岡県で発生した日中混成強盗団事件の主犯格として愛知県警察等から指名手配されていましたが、2002年頃に中国に出国していました。彼は日本国内から失業者やホームレスらを運び屋に雇って覚醒剤密輸を繰り返した薬物密輸組織の「元締」とみられています。判決によると、武田死刑囚は、2004年6月に広東省深圳市

のホテルで、日本円350万円を使って中国人薬物密売者2人からメタンフェタミン等約3.1キロを取引しているところを、現行犯で逮捕されました。

なお、武田元死刑囚は、後述の鵜飼元死刑囚とは知人関係で、1995年に発生した未解決の八王子スーパー強盗殺人事件に関し、「知り合いの中国人3人が事件に関与した」と中国警察当局に証言したと報じられ、そのため、2009年9月に警視庁が事情聴取するために捜査員を派遣し、武田と鵜飼の両死刑囚を聴取しましたが、事件の真相解明には至らず、本人たちも事件の関与を否認していました。

武田元死刑囚は、日本の暴力団に近い人物で、薬物密輸組織の「元締」として、薬物の密輸を繰り返し実行しており、今回の死刑即時執行の結果は「自業自得」といわざるをえないでしょう。

③ **鵜飼博徳元死刑囚（48歳没、岐阜出身）**

前述のように、鵜飼元死刑囚は、武田元死刑囚の知人で、2003年7月に、共犯者である韓国籍の羅知佳受刑者（懲役刑、服役中）と一緒に、武田元死刑囚から受け取った覚醒剤メタンフェタミンを大連空港から大阪関西空港に運ぼうとして共に拘束され、鵜飼元死刑囚の腰ベルトからメタンフェタミン1525.1グラム、羅受刑者の腰ベルトからメタンフェタミン1011.8グラムが、それぞれ押収されました。

結果的に、鵜飼元死刑囚は死刑即時執行の刑を受けましたが、彼は武田元死刑囚が雇った「運び屋」の1人に過ぎず、矯正の余地がないとはいえないので、死刑即時執行以外の選択肢もあったのではないかと疑問が残ります。

④ **森勝男元死刑囚（67歳没、福島出身）**

森元死刑囚は、武田元死刑囚が雇った「運び屋」の1人で、定年退職して金に困っていたため、日本国内で薬物密輸の話をもちかけられ、報酬20万～30万円でこれを請け負いました。2003年7月29日に瀋陽国際空港で日本行きの航空機に搭乗しようとしたところ、メタンフェタミン1.25キロを腰ベルトに隠しているところを発見され、拘束されましたが、一緒にいた共犯者の日本人、入口猛雄氏（逃亡中）は逃走しました。

裁判中、森元死刑囚は、起訴事実こそ認めたものの、①密輸犯罪は未遂であった、②犯行は他人の差し金、指揮、配置下であった、③社会への悪影響

を与えていない、などと主張しましたが、判決は「被告は薬物を隠し持って出国する現場で拘束された」ことから、「未遂」ではなく「既遂」であるとして、被告側の主張を退けました。さらに、「他人の差し金」ではなく「利益のために薬物を密輸した主要な行為犯」と位置づけたうえで、「密輸行為（自体）が社会に大きな危害を与えた」と認定されました。しかし、自分の犯行について、森元死刑囚は、収監された瀋陽市の拘置所内で、同拘置所に一時収監されていた日本人元被告に対してこう話していました。「何も分かりませんでした。日本の暴力団に騙されました。覚醒剤を日本に運んでくれと頼まれ、『中国で捕まってもせいぜい1年ほどで帰れる』と言われただけです」。確かに、森元死刑囚は単なる「運び屋」で、しかもこの問題が日本国内で報じられる前の「第一号」であったため、死刑ほどの重罪意識が頭になかったのも無理がないでしょう。

前述したように、薬物密輸罪の量刑については、中国の学者の間でも議論があります。2010年11月に中国海南省で開催された「薬物犯罪の現状と対応」をテーマとした第4回日中犯罪学学術シンポジウムにおいても、この問題について中国の学者から言及がありました。中国雲南省の統計によると、雲南省の営利目的の薬物犯罪の内、約8割は薬物密輸罪です。薬物密輸行為に対し、営利目的の薬物犯罪における役割を検証しないままで、薬物の量のみで刑を下すのは死刑濫用になりかねないと考えられます。

森元死刑囚のような者は、前科がなく、具体的な犯行からみても悪質とはいえません。矯正の理念から考えて、死刑即時執行はあまりにも重すぎるといわざるをえないでしょう。特に、森元死刑囚より大量の覚醒剤密輸に問われた日本人に対して、その後に出た判決では「執行猶予2年」が付いたケースがいくつもあったことを考えても、森元死刑囚に下された判決は本当に公正であったか、かつ量刑基準の一貫性があるのかについて、非常に疑問が残ります。

4 薬物自己使用事犯者に対する処罰に関する日中両国の比較

前述したように、日本においては薬物の自己使用行為に対してかなり厳しい刑罰が設けられていますが、矯正現場では、製造・運搬・密輸・密売等の

230 §7 刑法の国際比較

営利を目的とする薬物犯罪者と区別した、治療的な処遇が充実しているとはいえません。その結果、刑務所の過剰収容に繋がるほか、社会復帰後の再犯率も7割近くと、割合の高い状態が続いています。

中国においては、2000年以来、薬物犯罪は急増する一方です。2010年3月に発表された国家薬物取締委員会の年次報告によると、2009年に摘発された薬物犯罪は7万7000件、9万1000人余りで、前年度より24％増加しました。薬物の押収量も大幅に増え、ヘロインは前年度より35％も増えて5.8トンに上りましたが、近年急増してきた化学合成覚醒剤およびその原材料も650トンが押収されました。中国は1991年から薬物依存者に対する統計を取り始め、その年に登録された者は14.8万人でしたが、以降年々増え続けており、2010年の時点で約120万人とされていますが、実数はその数倍以上といわれています。

薬物の自己使用については、毎年検挙される薬物濫用者は100万人以上にも上りますが、中国では自己使用は犯罪ではないため、これらの者に対し、行政で処罰しています。毎年検挙された薬物濫用者のうち約4分の1の者は行政罰の中で最も重い「強制収容」処罰が科せられ、特殊な強制収容所である「強制隔離戒毒所」に収容され、6カ月から3年間の事実上の労働教養を強制されます。ほかの者は15日以内の行政勾留または2000元程度の過料が科せられます。

「強制隔離戒毒所」はもともと第二の刑務所と称される「労働教養所」で、2013年12月28日に、長年にわたって中国の内外から人権侵害と指摘されていた「労働教養制度」の廃止と同時に、「強制隔離戒毒所」に変更されました。しかし、収容者に対する処遇や収容期間、施設の管理および職員の構成は、ほとんど変わっていません。

日中両国における薬物の自己使用者に対する処罰手段の温度差は大きく、以下の例を挙げて比較するとよく理解できるはずです。

2008年の北京オリンピックの聖火ランナーも務めた中国の著名な歌手、満文軍氏は、2009年5月に妻の誕生日に合わせて友人の芸能人を集めてパーティーを開き、集団で合成麻薬MDMAを使用したところ、摘発され、現行犯で逮捕されましたが、行政勾留14日間で釈放されました。その20日後には

テレビに出演し、謝罪するだけで芸能活動を再開できました。有名人に対するこれほどの「寛大」ぶりは、日本では考えられないものでしょう。

　一方、中国に比べ、日本では薬物の自己使用に対して、覚醒剤取締法41条の3第1項1号に、10年以下の懲役刑というかなり厳しい刑罰が設けられています。同じく芸能人の薬物自己使用でも、2009年8月に、中国でも大変人気のある女優・歌手の酒井法子氏が、薬物自己使用のために逮捕され、厳しい判決が言い渡されましたが、中国の報道やネット上の書き込み等は、「日本の処罰があまりにも厳しすぎる」と同情するほどでした。処罰の効果から考えて、薬物の自己使用者に対する刑事罰が必要かどうかは、検討する余地があると考えられます。

Exercise

1．日本の薬物四法・五法の内容は何ですか。

2．日中両国における薬物密輸罪の量刑基準について比較してください。

3．中国における外国人薬物密輸事犯者に対する死刑執行について意見を述べてください。

4．薬物の自己使用に対する処罰に関する日中両国の差異について考えてください。

5．日本の薬物自己使用事犯者の高い再犯率についての改善策を考えてください。

Further Study

　本講では、①日中両国の薬物犯罪と刑罰の比較、②中国における外国人薬物密輸事犯に対する死刑執行の現状、③薬物自己使用に対する処罰に関する日中両国の差異、について簡単に説明しました。薬物犯罪は人類共通の敵として、営利目的の一般薬物犯罪の予防、取締り、厳しい刑罰、自己使用事犯者に対する治療的な処遇および再犯防止がとても重要なことです。みなさんも、以上のことについてしっかり理解したうえで、さらに考えてみてほしいと思います。また、薬物犯罪からいかに自分を守るかも認識していただきたいです。アジアにおける日本人の一番多い犯罪はパスポートや査証（ビザ）に絡む事件で、二番目に多いのは薬物に絡む事件だといわれています。その原因は以下のように考えられます。１つ目は、日本国内に比べ、アジアにおいては比較的容易に薬物を入手できる国が多く存在し、現地の法律を知らずに興味本位で手を出した日本人旅行客が罪に問われる場合もあります。また、現地の刑罰は日本とは比べものにならないほど厳しいのも事実です。２つ目は、日本の暴力団が関係している国境を跨いだ薬物密輸ネットワークが形成されているといわれており、いちばん典型的なのは、日本国内の失業者やホームレス等の貧困者を誘い、多額の報酬を約束したうえで、危険を冒して空路で覚醒剤等を日本に運ばせようとする、いわゆる「運び屋」事件です。

　本講を通して、日中両国の薬物犯罪に対する処罰の相違点を探ると同時に、中国の刑事裁判についても、もっと深く理解していただきたいと思います。ここで、中国の刑事裁判をよく理解するために、中国という独裁国家に特有の刑事裁判制度を紹介しておきたいと思います。

【中国式の司法独立】周知のように、中国は社会主義を標榜する国で、人民民主と名乗った共産党の一党独裁体制が採用されており、三権分立は根本から否定されています。特に、習近平体制になってから、この一党独裁体制を「全過程民主」と標榜するようになり、独裁化が急速に進んでいます。中

国が標榜する司法独立は、「司法権の独立」ではなく、「裁判機関の独立」という共産党の一党独裁体制内の機関分業体制に過ぎず、すべての権力機関は共産党の指導下にあると定めています。そのため、「裁判官の独立」は事実上ありえません。また、中国は法治国家ではないため、外国人の拘束や外国人犯罪者に下す死刑判決、または死刑の執行は、時には政治や外交等に大きく関係します。前述した日本人４人のほぼ一斉の死刑執行も、日中関係が尖閣諸島問題に関連して急速に悪化した時期に意図的に行われました。2018年末に、アメリカ司法当局の要請で、カナダ司法当局が、中国の通信機器大手、華為技術（ファーウェイ）の孟晩舟CFOを逮捕した件に対する報復としての、中国政府の主導による中国国内にいたカナダ人に対する一連の逮捕や死刑判決の宣告も、中国「人治国家」の正体を物語っています。

　【裁判委員会】「裁判所組織法」第10条に基づき、各裁判所には、裁判委員会が設置されています。裁判所は、刑事裁判廷、民事裁判廷等、いくつかの裁判廷によって構成されていますが、各裁判廷の廷長や裁判所の共産党書記長、所長等の指導的な立場の幹部が裁判委員会の構成メンバーとなっており、個々の事件に対し、裁判の事前審査を行い、具体的な量刑を議論し、結論を出します。そして、担任裁判官は、この結論に基づいて、形式上の裁判手続きを進めます。

　【「先定後審」の怪現象】「先定後審」とは、刑事事件において、まず裁判委員会での討論によって量刑決定が下され（先定：先に判決を決める）、合議廷はそれに従わなければならず、実際の裁判は単なる法廷審理の形を踏むだけのもの（後審：後に法廷審理を演出する）になることをいいます。その結果、裁判で最も重要な審理段階が事実上公判前に移行されてしまい、審理主体と判決決定主体との乖離、いわゆる「審理する者は判決を下さず、判決を下す者は審理せず」という問題が生じます。

事 項 索 引

〈あ〉

悪質商法 ･････････････････ 96, 97, 98
暴れ馬事件 ･･････････････････････ 24
暗数 ････････････････････････ 48, 184
威嚇 ･･････････････････････････ 135
一事不再理効 ･･･････････････････ 158
一部実行共同正犯 ･･･････････････ 32
一部実行全部責任 ･････････････ 32, 95
一部露出説 ･･････････････････････ 40
Ⅰ項詐欺 ･･････････････････････ 90, 99
一般的職務権限 ･･･････････････ 111
一般予防刑論 ･････････ 128, 131, 133
畏怖 ････････････････････････ 101, 102
違法 ･･･････････････････････････ 19
違法収集証拠 ･･･････････････････ 166
違法性 ････････････････････････ 12
違法性阻却事由 ･･････････････････ 20
違法性の意識 ････････････････････ 23
違法性の意識の可能性 ･･･････････ 23
違法性論 ･･･････････････････････ 19
違法論 ･････････････････････････ 19
インターネット・リテラシー ･･････ 106
陰謀 ･･･････････････････････････ 28
「疑わしきは被告人の利益に」の原則
 ･･･････････････････････････ 158
運用政策 ･･･････････････････････ 132
冤罪 ･･････････････････････････ 215
応報 ･･････････････････････････ 127

〈か〉

改善 ･･････････････････････････ 135
改善刑論 ･･･････････････････ 138, 139
改善モデル ･････････････････････ 140
外部的名誉 ･････････････････････ 70
科学主義 ･･･････････････････････ 137
架空請求 ･･･････････････････････ 101

各則 ･･････････････････････････ 84
確定 ･･････････････････････････ 158
瑕疵ある意思 ･･･････････････････ 102
過失 ･･････････････････････････ 84
過失推定説 ･････････････････････ 87
過剰防衛 ････････････････････ 20, 22
仮釈放 ････････････････････････ 142
科料 ･･････････････････････････ 130
過料 ･･････････････････････････ 123
環境犯罪学 ･････････････････ 188, 189
干渉性 ････････････････････････ 121
管制 ･･････････････････････････ 212
間接正犯 ･･･････････････････････ 31
完全実行共同正犯 ････････････････ 32
カント ････････････････････････ 127
管理可能性説 ･･･････････････････ 49
管理者全員承認説 ････････････････ 65
危険 ･･････････････････････････ 28
起訴 ･･････････････････････････ 155
起訴状 ････････････････････ 155, 156
起訴独占主義 ･･･････････････････ 155
起訴便宜主義 ･･･････････････････ 155
起訴猶予 ･･･････････････････････ 142
期待可能性 ･････････････････････ 23
基本的構成要件 ･････････････････ 27
欺罔行為 ････････････････････ 91, 99
旧住居権説 ･････････････････････ 59
旧派 ･････････････ 126, 127, 133
恐喝罪 ････････････････････････ 101
狭義の共犯 ･････････････････････ 31
狭義の行為 ･････････････････････ 14
狭義の未遂犯 ･･･････････････････ 28
行刑 ･･････････････････････････ 139
教唆 ･･････････････････････････ 31
教唆犯 ････････････････････････ 31
強制隔離戒毒所 ･････････････････ 230
強制処分 ･･･････････････････････ 154

236　事項索引

行政処分 …………………………………… 123
共同正犯 ……………………………… 31, 32, 95
共犯 ………………………………………… 30
共謀共同正犯 ……………………………… 33, 95
挙動犯 ……………………………………… 14
緊急避難 …………………………… 19, 20, 21
禁錮 …………………………………… vi, 129
近代学派 …………………………………… 134
偶然防衛 …………………………………… 22
具体的職務権限 …………………………… 111
経済刑法 …………………………………… vi
刑事学 ……………………………………… viii
形式的意義における刑法 …………………… 4
刑事司法システム ………………………… 141
刑事政策 …………………………… viii, 119
刑事責任 …………………………………… 127
刑事訴訟の憲法化 ………………………… 150
刑事訴訟法 ………………………… vi, 149
刑事手続 …………………………………… 154
刑事法 ……………………………………… viii
刑の執行 …………………………………… 138
刑の全部・一部執行猶予 ………………… 142
刑の量定 …………………………………… 158
刑罰 ………………… 4, 119, 120, 128, 211
刑罰システム ……………………………… 142
刑罰論 ……………………………… vi, 120, 126
刑法 ……………………………………… v, 4
刑法各論 …………………………… vi, 39
刑法総論 ……………………… vi, 3, 7, 13
刑法典 …………………………………… v, 4
刑法の人権保障機能 ……………………… 123
刑法犯認知件数 …………………………… 182
結果犯 ……………………………………… 14
決定論 ……………………………………… 135
厳格な証明 ………………………………… 171
現在者全員承認説 ………………………… 65
検察官 ……………………………………… 154
厳打キャンペーン ………………………… 215
厳罰主義 …………………………………… 214
権利者排除意思 …………………………… 53
故意 ………………………………………… 83

行為 ………………………………… 14, 28
行為者主義 ………………………………… 135
行為主義 …………………………………… 6
合意制度 …………………………………… 172
行為責任 …………………………………… 158
拘役 ………………………………………… 213
広義の共犯 ………………………………… 32
広義の刑法 ………………………………… 4
広義の行為 ………………………………… 14
拘禁刑 ……………………………… vi, 128, 129
構成要件 ………………………… 3, 11, 12, 13
構成要件該当性 …………………………… 11
構成要件的過失 …………………………… 14, 23
構成要件的故意 …………………………… 14, 23
構成要件要素 ……………………………… 11
構成要件論 ………………………………… 7, 11
公然性 ……………………………… 71, 73
控訴 ………………………………… 158, 163
公訴の提起 ………………………………… 155
強盗罪 ……………………………………… 102
公判 ………………………………………… 156
交付行為 …………………………… 91, 99, 101
交付罪 ……………………………………… 102
公務員 ……………………………… 107, 108
合理的選択理論 …………………………… 188
合理的な疑い ……………………… 157, 171
勾留 ………………………………………… 155
拘留 ………………………………………… 128
五刑 ………………………………………… 210
個人的法益に対する罪 …………………… 77
国家訴追主義 ……………………………… 155
国家的法益に対する罪 …………………… 78
古典学派 …………………………………… 126
コントロール理論 ………………………… 187

〈さ〉

罪刑専断主義 ……………………… 5, 133
罪刑法定主義 ………… 6, 122, 126, 133
最広義の共犯 ……………………………… 30
財産刑 ……………………………… 130, 212
財産上の利益 ……………………………… 91

事項索引　237

再審······158
再犯······vii
裁判委員会······233
裁判例······41, 170
財物······49, 90
詐欺罪······90, 99
殺人罪······39, 40
残虐性······121
三審制······161
三徴候説······42
三罰規定······86, 87
恣意性······121
死刑······128, 213
自助グループ······204
施設内処遇······139
自然人······81
死体損壊罪······42
実行行為······28
実質的意義における刑法······4
実体的真実······151
実体法······149
自白法則······172
司法警察職員······154
司法的処遇······140
社会解体論······187
社会的法益に対する罪······78
社会内処遇······139
社交上の儀礼的贈答······113
自由意思論······127
住居侵入罪······58
自由刑······128, 212
修正された構成要件······27
従犯······95
収賄······108
収賄罪······109, 110
主観的構成要件要素······14
主刑······211, 212
受刑者の処遇······139
障害未遂······28
消極的一般予防······131
証拠······171

上告······158, 163
証拠裁判主義······171
証拠調べ手続······157
証拠能力······162
使用窃盗······54
上訴······158
少年法······viii, 142
少年保護司法システム······142
証明責任······171
証明力······162
職務······110, 111, 112
職務密接関連行為······112
所持説······51
所持品検査······165
職権主義······150
処分行為······91, 99, 101
人権主義······151
親告罪······68
新住居権説······60
心神喪失······23
心神喪失者等医療司法システム······143
身体刑······210, 212
陣痛開始説······40
新派刑法学······134, 135, 138
信頼保護説······110
心理強制説······128, 133
心理的幇助······31, 96
正義······127
正義モデル······140
正当化事由······20
正当行為······19
正当防衛······19, 20
正犯······31
生命刑······128, 212
生来性犯罪人説······134, 185
責任······12, 22, 127
責任過失······14, 22, 23
責任故意······14, 22, 23
責任主義······7, 84, 127
責任能力······22
積極的一般予防······131

238 事項索引

絶対的応報刑論･･････････････････127
窃盗罪･･････････････････････････48
セルフコントロール理論･･････････188
全員承認説･･････････････････････65
全国被害者支援ネットワーク･･･････204
先定後審･･･････････････････････233
全部露出説･･････････････････････40
占有説･･････････････････････････51
総合判断説･･････････････････････42
捜査･･････････････････････････154
捜査の端緒････････････････････154
贈収賄････････････････････････108
総則･･･････････････････7, 84, 120
相対的応報刑論･･･････････137, 141
贈賄････････････････････････108
贈賄罪････････････････････････109
ソーシャルボンド理論･･････････188
ソビエト連邦法･･････････････････211
損害賠償命令制度･･････････････201

〈た〉

大清新刑律････････････････････211
ダイバージョン････････････････141
ダイバージョンシステム････････142
代罰規定････････････････････････87
対物防衛････････････････････････21
逮捕･･････････････････････124, 155
大宝律････････････････････････210
堕胎罪･･････････････････････39, 40
ただし書････････････････････････84
単独正犯････････････････････････31
単独犯･･････････････････････････31
力による支配････････････････････121
秩序罰････････････････････････124
中国････････････････････････････209
中止犯････････････････････････････29
中止未遂････････････････････････29
抽象的危険犯････････････････････73
懲役････････････････････････vi, 129
直接正犯････････････････････････31
追徴････････････････････････････130

通説････････････････････････････41
手続法････････････････････････149
転嫁罰規定････････････････････87
電気窃盗･･････････････････49, 50
電子計算機使用詐欺罪･･････102, 103
伝播性の理論････････････････････73
伝聞法則･･･････････････････････174
伝聞例外･･･････････････････････174
同意････････････････････････157
同意殺人罪････････････････････43
当事者主義････････････････････150
同時犯････････････････････････31
盗取罪････････････････････････102
唐律･･････････････････････209, 210
特殊詐欺････････････92, 94, 97, 98
特定少年････････････････････････142
特別刑法････････････････････v, 84
特別法犯････････････････････････184
特別予防････････････････････････136
特別予防刑論････････････････････138
独立呼吸説･･････････････････････40
独立生存可能性説････････････････40

〈な〉

内部的名誉････････････････････69
2項詐欺････････････････････91, 99
二次的被害････････････････････195
日常活動理論･･･････････････････188
日本版司法取引･････････････････172
任意処分･･････････････････････154
任意的共犯････････････････････30
任意的減軽････････････････････29
ねずみ講･･････････････････････96
脳死説････････････････････････42

〈は〉

排害・無害化････････････････････135
配分的正義････････････････････127
運び屋････････････････････････229
罰金････････････････････････130
破廉恥犯････････････････････129

事項索引　239

パロール ······················· 140
犯罪 ······················ 4, 19
犯罪学 ··············· vii, 135, 181
犯罪機会論 ······················ 189
犯罪原因論 ······ vii, 134, 135, 187, 189
犯罪現象論 ······················ vii
犯罪社会学 ······················ 186
犯罪者処遇法 ······················ viii
犯罪者の処遇 ······················ 138
犯罪心理学 ······················ 186
犯罪人類学 ······················ 185
犯罪生物学 ······················ 186
犯罪徴表説 ······················ 135
犯罪の個別化機能 ······················ 13
犯罪被害給付制度 ············ 197, 200
犯罪被害者等基本計画 ············ 199
犯罪被害者等基本法 ············ 197
犯罪被害者等給付金 ············ 197
犯罪論 ··············· vi, 3, 11
反則金 ··············· 119, 123
判例 ··············· 41, 169, 170
PTSD ······················ 196
被害者学 ··············· vii, 193
被害者参加制度 ······················ 201
被疑者 ······················ 150
被告人 ······················ 150
微罪処分 ······················ 142
必罰主義 ······················ 151
必要的共犯 ······················ 30
必要的減免 ······················ 29
「人」の始期 ······················ 40
「人」の終期 ······················ 42
一人承認説 ······················ 65
非破廉恥犯 ······················ 129
貧困問題 ······················ 225
フィッシング詐欺 ············ 103, 104
フォイエルバッハ ······················ 127
付加刑 ··············· 130, 212
不起訴 ······················ 155
侮辱罪 ······················ 68
不正アクセス ············ 104, 105

不退去罪 ······················ 58
物理的管理可能性説 ······················ 50
物理的幇助 ··············· 31, 96
不能犯 ······················ 29
不文法 ······················ 6
不法投棄 ······················ 85
不法領得の意思 ······················ 53
プロベーション ······················ 140
分娩開始説 ······················ 40
平穏説 ······················ 59
平均的正義 ······················ 127
ベッカリーア ······················ 122
弁論手続 ······················ 157
防衛の意思 ······················ 21
防衛の目的 ······················ 21
法益 ······················ 21
法源 ······················ 6
幇助 ······················ 31
幇助犯 ··············· 31, 95
法人 ······················ 81
法人処罰 ······················ 81
法人処罰規定 ······················ 83
法人処罰根拠論 ······················ 87
法人の犯罪能力 ······················ 82
法治国家 ······················ 121
法的三段論法 ······················ 163
冒頭手続 ······················ 157
法の支配 ······················ 121
補強法則 ······················ 173
保護処分 ······················ 142
没収 ······················ 130
本権説 ······················ 51

〈ま〉

マルチ商法 ······················ 96
未遂 ······················ 27
未遂犯 ······················ 104
みなし公務員 ······················ 108
未必の故意 ······················ 96
身分性 ······················ 121
無形的幇助 ······················ 31

名誉感情 ················· 70
名誉毀損罪 ··············· 68

〈や〉

薬物五法 ················· 220
薬物自己使用事犯 ········· 229
薬物四法 ················· 220
薬物犯罪 ············· 220, 223
薬物密輸事犯 ············· 226
闇バイト ················· 94
有形的幇助 ··············· 31
有罪答弁 ················· 173
有体物説 ················· 49
養老律 ··················· 210
預金の占有 ··············· 100
予備 ····················· 28

〈ら〉

ラベリング理論 ·········· 141, 187
リスト ··················· 135
立法政策 ················· 131
律令制度 ················· 209
量刑 ················· 131, 158
利用処分意思 ············· 54
両罰規定 ················· 85
令状主義 ················· 155
労働教養 ················· 230
ロンブローゾ ············ 134, 185

〈わ〉

賄賂 ················ 108, 112, 113
賄賂罪 ··················· 109

執筆者一覧（執筆順）

滝井　伊佐武　（国士舘大学法学部准教授）……… §1

矢田　陽一　（国士舘大学法学部教授）………… §2

岡部　雅人　（国士舘大学法学部教授）………… §3

宍倉　悠太　（国士舘大学法学部教授）………… §4

吉開　多一　（国士舘大学法学部教授）………… ガイダンス、§5

辰野　文理　（国士舘大学法学部教授）………… §6

髙橋　正義　（国士舘大学法学部講師）………… §7

Maple 刑事法入門

2025年4月1日　初版第1刷発行

	滝　井　伊　佐　武
	矢　田　陽　一
	岡　部　雅　人
著　者	宍　倉　悠　太
	吉　開　多　一
	辰　野　文　理
	髙　橋　正　義
発行者	阿　部　成　一

〒169-0051　東京都新宿区西早稲田1-9-38

発 行 所　　株式会社　成 文 堂

電話 03(3023)9201(代) FAX 03(3203)9206
https://www.seibundoh.co.jp

印刷・製本　藤原印刷

© 2025　滝井・矢田・岡部・宍倉・吉開・辰野・髙橋　Printed in Japan

☆乱丁本・落丁本はおとりかえいたします☆

ISBN978-4-7923-5442-8　C3032　　検印省略

定価(本体2,500円＋税)